电网企业
营配调协同作业实用指南

国网冀北电力有限公司智能配电网中心 组编

中国电力出版社
CHINA ELECTRIC POWER PRESS

内容提要

近年来，随着电网数字化转型，营配调贯通工作开展对电网业务融合、电力数据管理的重要性逐渐凸显。然而由于县级及乡镇供电所人员岗位频繁调整，以及营配贯通从业人员稀缺，存在专业能力弱、人员培养难的问题。为了使新上岗的营配及其关联业务人员能够尽快地适应工作，特编制本书。

本书对营配调协同作业的三个平台的业务操作、流程等问题，以问答的形式讲解，帮助基层人员快速找到相关问题原因及处理办法，便查便携。

本书主要内容包括营配调协同作业介绍、SG186工程营销业务应用系统、设备（资产）运维精益管理系统、电网资源图形管理系统的业务操作及常见问题等。

本书可作为电网企业营配调贯通现场工作人员培训教材、为关联业务操作提供参考，也可供国网营销培训人员及相关管理人员阅读。

图书在版编目（CIP）数据

电网企业营配调协同作业实用指南 / 国网冀北电力有限公司智能配电网中心组编．—北京：中国电力出版社，2021.12（2022.8重印）

ISBN 978-7-5198-6446-0

Ⅰ．①电… Ⅱ．①国… Ⅲ．①电力工业－工业企业管理－中国－指南 Ⅳ．① F426.61-62

中国版本图书馆 CIP 数据核字（2021）第 015823 号

出版发行：中国电力出版社
地　　址：北京市东城区北京站西街 19 号（邮政编码 100005）
网　　址：http：//www.cepp.sgcc.com.cn
责任编辑：马淑范（010-63412539）
责任校对：王小鹏
装帧设计：赵姗杉
责任印制：杨晓东

印　刷：三河市航远印刷有限公司
版　次：2021 年 12 月第一版
印　次：2022 年 8 月北京第二次印刷
开　本：710 毫米 ×1092 毫米　16 开本
印　张：11
字　数：190 千字
定　价：58.00 元

本书编委会

前言

2014 年，国家电网有限公司公司开展营配贯通工程建设，强化营销、运检、调控专业协同，以“数据一个源、业务一个流、电网一张图”为抓手，不断提升供电服务品质。遵循“标准规范先行、数据治理和应用融合并重、应用建设促功能实用化”的工作思路，营配贯通工作开展 7 年来，总体建设任务基本完成，已进入基础数据质量提升、常态化管理和数据成果全面推广应用的新阶段。国网冀北电力有限公司经过不断探索实干，已基本实现营配业务高度融合、客户需求快速响应、服务质量可靠优质。

营配工作涉及多系统、多专业、多流程，工作人员需具备全面的现场业务知识、系统的操作经验并熟悉跨专业业务流程。而基层营配管控普遍存在人员结构不合理、专业技术力量不足、岗位变动频繁等问题，造成基层营配及关联专业开展存在实际困难。为此，国网冀北电力有限公司智能配电网中心组织相关专家及现场技术人员，对现有营配及其关联专业的基础知识、操作流程、标准规范进行梳理汇编，形成本书。

本书是以问答形式讲解电力业务营配相关知识。全书共分 4 章，包含营配贯通相关人员应知的基础知识和常见问题的处理方法。第 1 章为营配协同作业介绍；第 2 章为 SG186 工程营销业务应用；第 3 章为设备（资产）运维精益管理系统；第 4 章为电网资源图形管理系统。

本书的出版，凝聚了有关领导、专家和技术人员的辛勤汗水，得到了来自各方面的协助和支持，在此，一并表示衷心的感谢。希望通过本书为专业管理人员和现场技术人员提供一些有益参考。

由于编写时间仓促、水平有限，书中难免存在不妥和疏漏之处，敬请广大读者批评指正，以期后续修订时改正。

编者

2021 年 12 月

目 录

第1章 电网企业营配调协同作业介绍

◇ 1. 概述

2014 年国家电网有限公司决定开展营配贯通工程建设，以营配数据共享支撑故障定位、停电范围定位、实时线损统计、业扩报装等业务，以营配信息集成推进营配业务融合，建立面向客户的跨部门、跨专业的营配协同作业流程和服务机制，全面支撑 95598 全业务上收，提升供电服务品质。

SG186 工程营销业务应用系统作为用户资源的唯一数据源，主要负责用电客户基本信息、专线、专变、计量箱等档案的新增和变更维护，并向设备（资产）运维精益化管理系统推送用电客户档案的新增和变更信息。

设备（资产）运维精益化管理系统作为电网资源的唯一数据源，负责公网设备（变电站、线路、公用配电变压器）台账的新增和变更，并向营销业务应用系统推送公网设备台账、设备关系的新增和变更信息。

电网资源图形管理系统作为提供电网（用户）图形和分析服务的企业级电网空间信息服务平台，负责高压站—线—变拓扑关系、高压用户、低压表箱与公网设备关联关系的新增和变更，并向设备（资产）运维精益化管理系统推送设备挂接的新增和变更信息。

◇ 2. SG186 工程营销业务应用系统简介

SG186 工程营销业务应用系统（简称“营销业务应用系统”）营销模块将营销业务划分为“客户服务与客户关系”、“电费管理”、“电能计量及信息采集”和“市场与需求侧”等 4 个业务领域及“综合管理”，共 19 个业务类，137 个业务项及 753 个业务子项。

登录方式　浏览器登录。

登录权限　业务人员。

登录界面如图 1–1 所示。

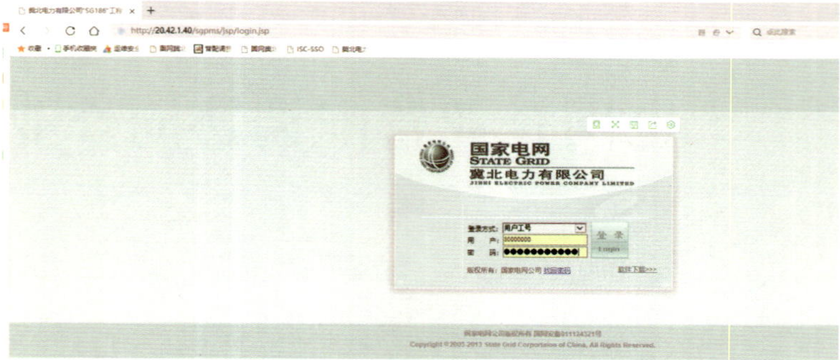

图 1-1　营销系统登录界面

主界面如图 1-2 所示。

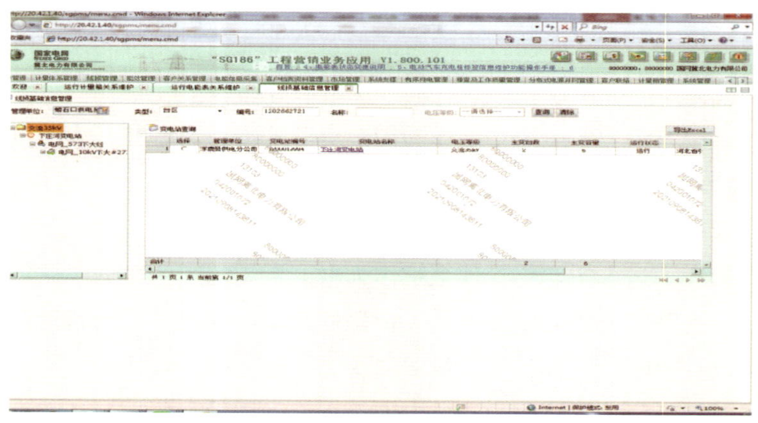

图 1-2　主界面

◇ 3. 设备（资产）运维精益管理系统简介

设备（资产）运维精益管理系统（简称"PMS 系统"），它是调度系统、营销系统以及 EPR 系统的深化和结合，将状态检修工作作为核心，促进业务流程的优化性，保证对设备（资产）进行规范管理。

PMS 系统涉及营配范围主要是指用户接入点（低压接入点，中压接入点）以上的设备，从下往上包括低压接入点、低压线路、配电变压器、主线、馈线、变电站或中压接入点、主线、馈线、变电站等设备管理与运维业务。

登录方式　浏览器登录、客户端登录。

登录权限　业务人员。

登录界面如图 1-3 所示。

图 1-3　B/S 端 PMS2.0 登录界面

浏览器主界面如图 1-4 所示。

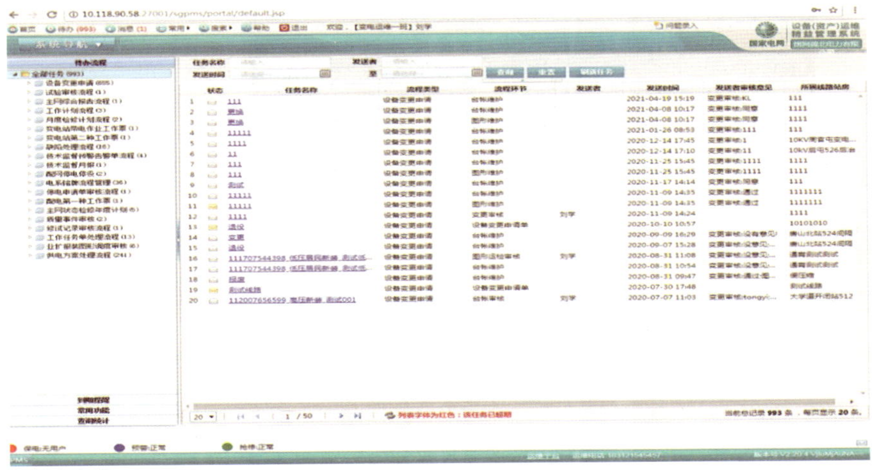

图 1-4　B/S 端 PMS2.0 主界面图

客户端登录如图 1-5 所示。

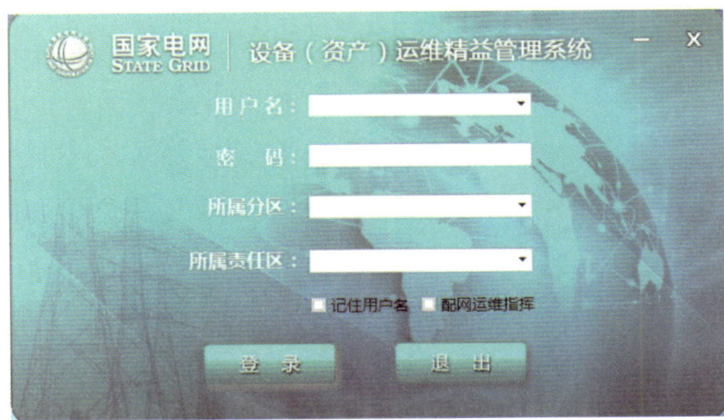

图 1-5　客户端 PMS2.0 登录界面

客户端主界面如图 1-6 所示。

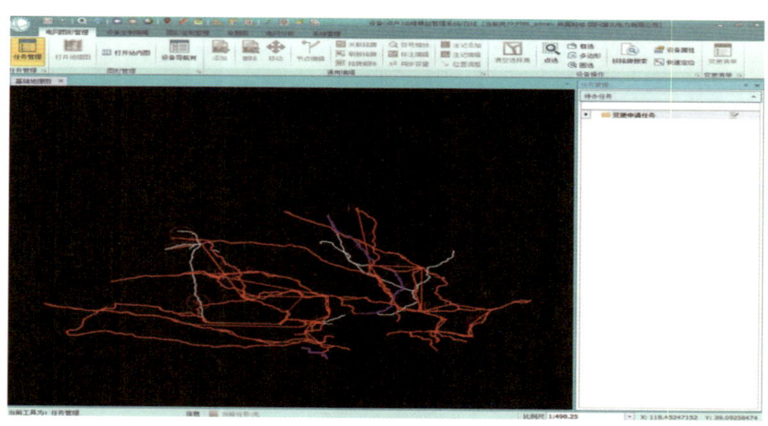

图 1-6　客户端 PMS2.0 主界面

◇ 4. 电网资源图形管理系统简介

电网资源图形管理系统（简称“电网 GIS 系统”）是基于成熟的 GIS 技术，构建的一套符合国家电网有限公司电网 GIS 应用需求的电网空间信息服务平台。通过电网资源的结构化管理和可视化展现，为生产、营销、调度、通信等各业务提供各类空间信息图形与分析服务，充分发挥其在电网资源管理、电网规划与设计、电网运维检修、故障与应急管理等方面的重要作用，帮助国家电网有限公司实现资产利用的最优化以及运营安全，并支持电网资源绩效的改善，提升资产全寿命管理的能力。

电网 GIS 系统 V1.6 版本基于 PMS2.0 模型，实现电网相关业务的数据管理、数据分析、图形展现等支撑。主要包括空间信息服务、实时栅格服务、前置栅格服务、拓扑分析服务、消息服务、网络监控服务、数据代理服务等功能模块。

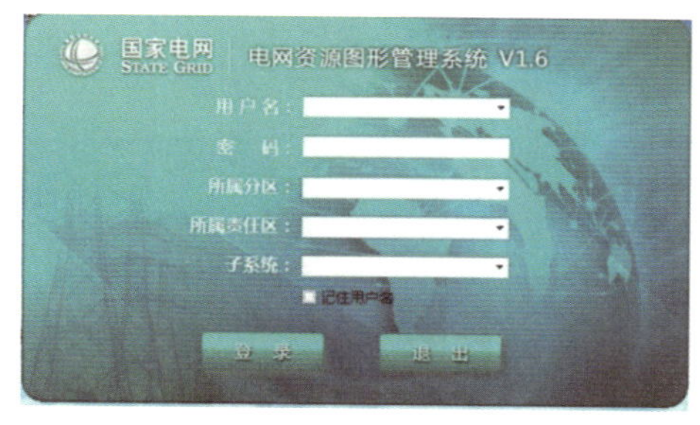

图 1-7　电网 GIS 系统 V1.6 登录界面

登录方式　C/S（客户端登录）。

登录权限　业务人员。

登录界面如图 1-7 所示。

主界面如图 1-8 所示。

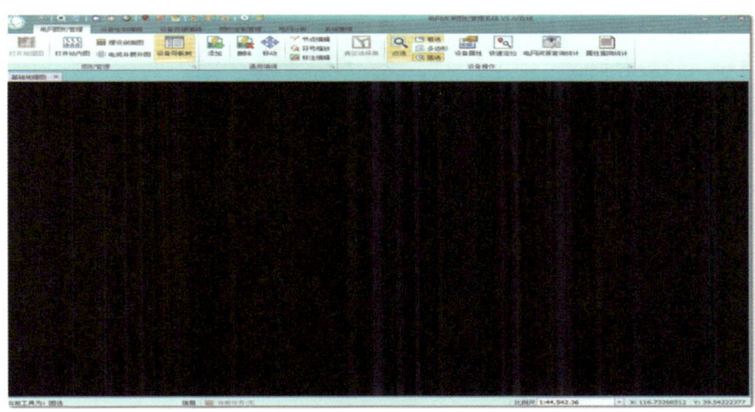

图 1-8　电网 GIS 系统 V1.6 主界面

SG186 工程营销业务应用

第 1 节　营销业务应用系统操作常见问题

◇ 1. 如何查询营销业务应用系统变电站信息?

登录营销业务应用系统，依次打开“线损管理—线损基础信息管理—选择正确管理单位—类型选择变电站—输入变电站编号或名称—查询—点击左侧电压等级”，右侧为变电站信息，如图 2-1 所示。

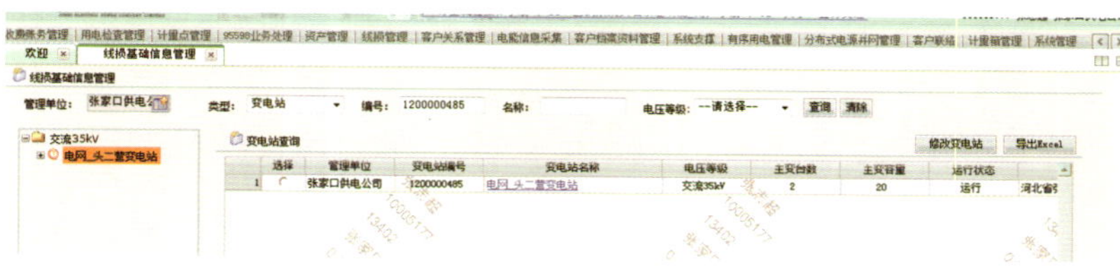

图 2-1　变电站信息

◇ 2. 如何查询营销业务应用系统中线路信息?

登录营销业务应用系统，依次打开“线损管理—线损基础信息管理—选择正确管理单位—类型选择线路—输入线路编号或名称—查询—点击选择电压等级—点击变电站”，右侧为线路信息，如图 2-2 所示。

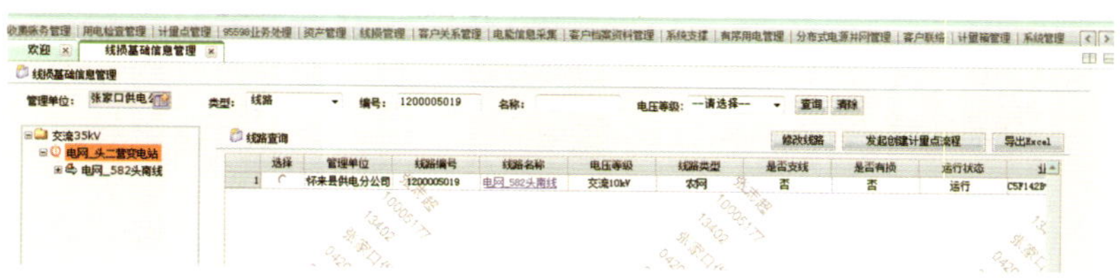

图 2-2　线路信息

◇ 3. 如何查询营销业务应用系统台区信息？

登录营销业务应用系统，依次打开“线损管理—线损基础信息管理—选择正确管理单位—类型选择台区—输入台区编号或名称—查询—点击左侧电压等级—点击变电站—点击线路”，右侧为台区信息，如图 2–3 所示。

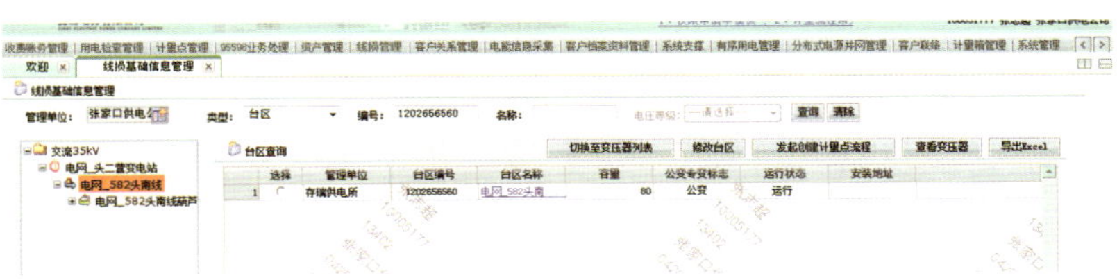

图 2–3　台区信息

◇ 4. 如何查询营销业务应用系统变压器信息？

登录营销业务应用系统，依次打开“线损管理—线损基础信息管理—选择正确管理单位—类型选择台区—输入台区编号或名称—查询—点击左侧电压等级—点击变电站—点击线路”，右侧为台区信息，选择台区—点击“查看变压器”即可查询，如图 2–4 所示。

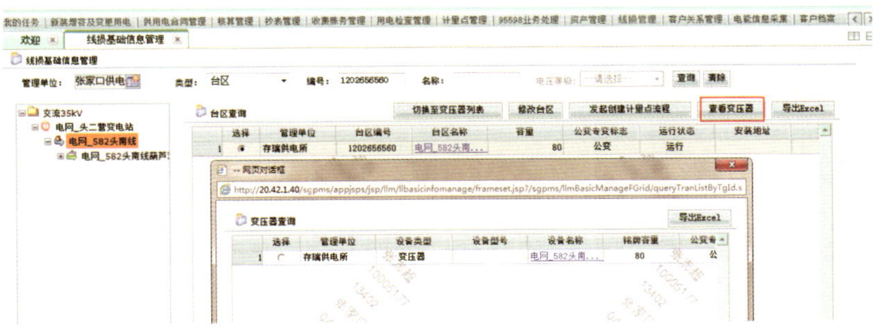

图 2–4　变压器信息

◇ 5. 如何查询营销业务应用系统用户档案信息？

登录营销业务应用系统，依次打开右上角点击“客户信息统一视图”—输入“用户编号”—点击“查询”，如图 2–5 所示。

点击已查询的用户编号，进入用户档案页面即可查看用户信息，如图 2–6 所示。

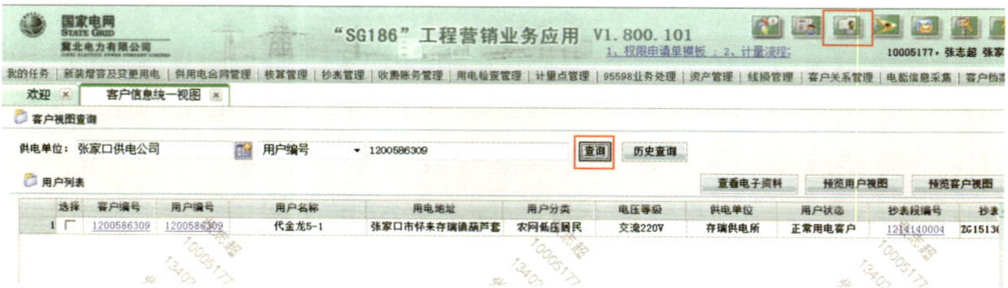

图 2-5　查询用户

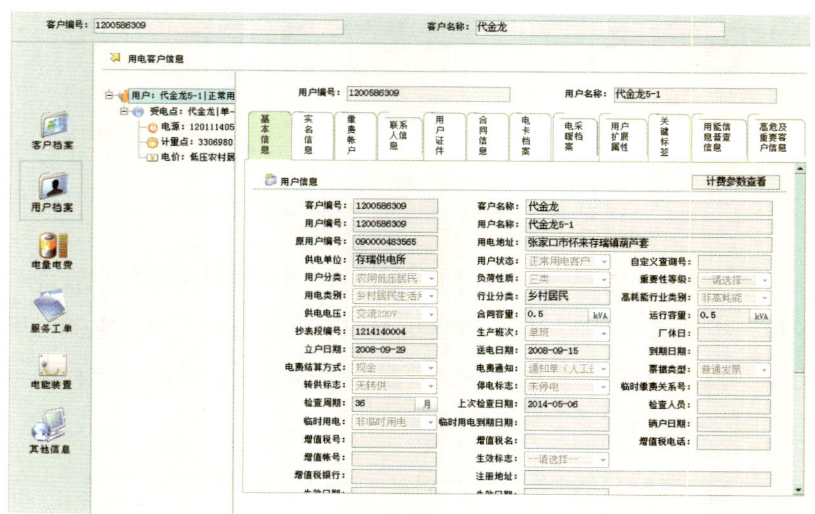

图 2-6　用户档案

◇ 6. 如何修改营销业务应用中线路信息？

登录营销业务应用系统，依次打开“线损管理—选择正确管理单位—类型选择线路—输入线路编号或线路名称—查询”，点击选择变电站一级，右侧出现线路信息，选中此线路点击“修改线路”，修改线路信息中需要改正的字段，点击“保存”即可，如图 2-7 所示。

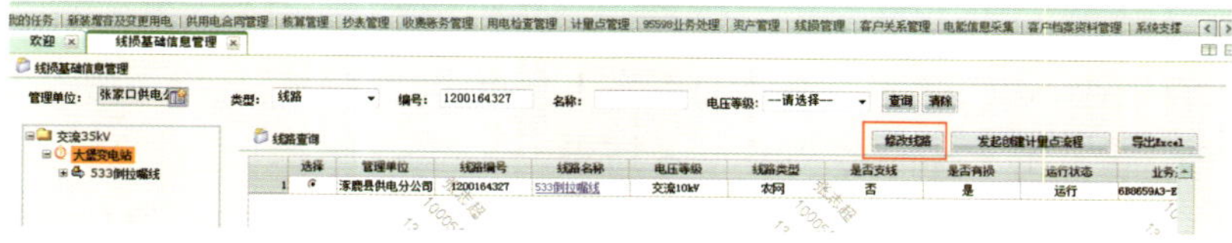

图 2-7　修改线路信息

◇ 7. 如何修改 SG186 工程营销业务应用中台区信息?

登录 SG186 工程营销业务应用系统，依次打开“线损管理—选择正确管理单位—类型选择台区—输入台区编号或台区名称—查询”，左侧选到线路一级右侧出现台区信息，选中此台区，点击“修改台区”，修改台区信息中需要修改的字段，点击“保存”即可，如图 2–8 所示。

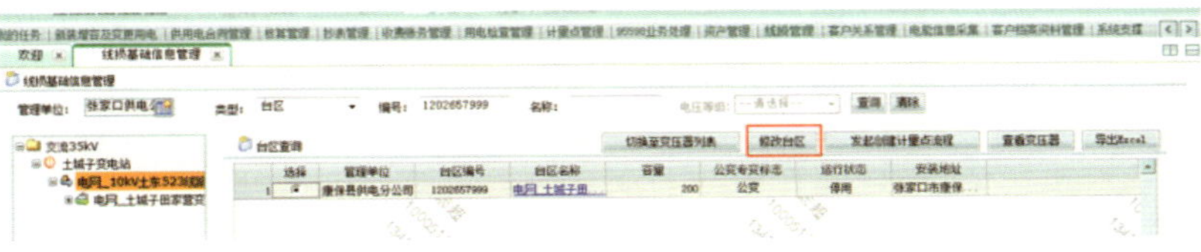

图 2–8　SG186 工程营销业务应用系统修改台区信息

◇ 8. 如何修改营销业务应用系统中变压器信息?

登录营销业务应用系统，依次打开“线损管理—选择正确管理单位—类型选择台区—输入台区编号或台区名称—查询”，左侧选到线路一级，右侧出现台区信息，选中此台区点击“修改台区”，修改台区信息中需要改正的字段，点击“保存”即可，如图 2–9 修改台区信息所示。

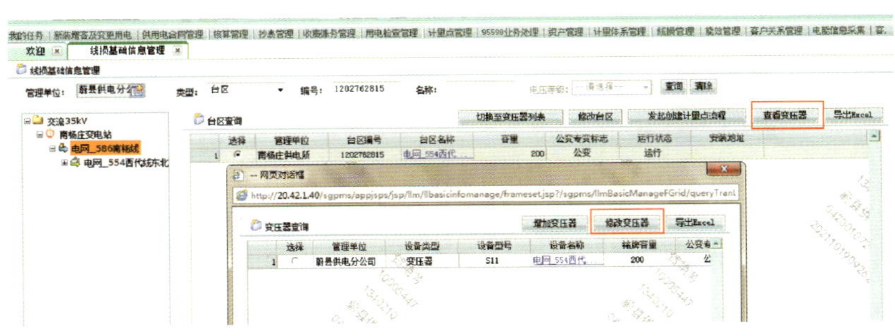

图 2–9　修改变压器信息

◇ 9. 处理低压新装工单时，需要注意的事项有哪些?

问题原因 1　低压电能表所关联的表箱为旧表箱。

解决方案　在“现场勘查”环节中，计量箱方案的“变更说明”处应改为“保留”，如图 2–10 所示。

问题原因 2　低压电能表所关联的表箱为新表箱。

解决方案　在“客户空间位置及拓扑关系维护”环节时，必须要在此环节中绘制计量箱图形，绘制完成后，计量箱条码后显示“已绘制”状态，点击“图形发布”，再进行下一步操作，如图 2–11 所示。

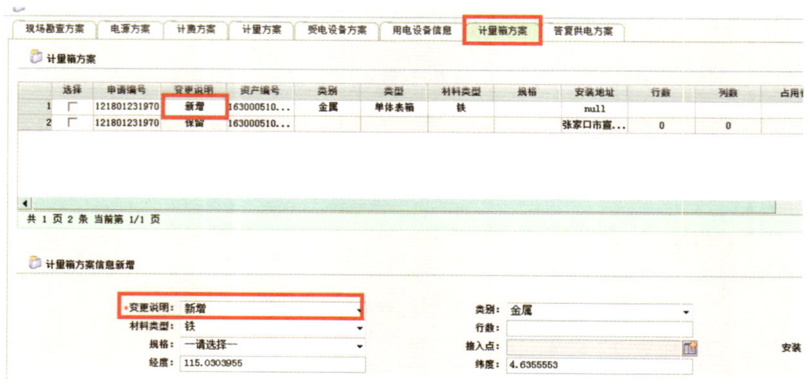

图 2–10　计量箱方案界面

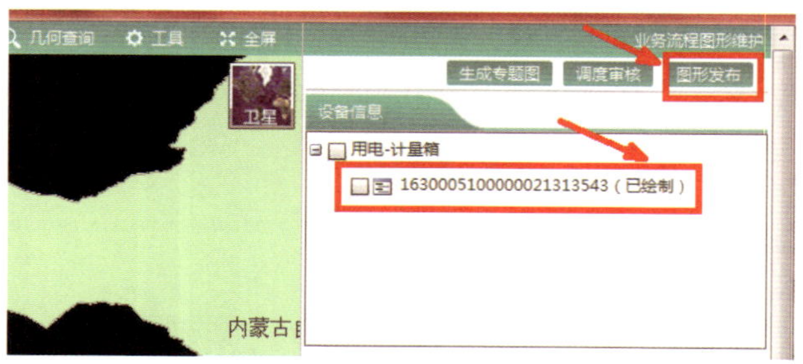

图 2–11　客户空间位置及拓扑关系维护图

◇ 10. 业扩工单图形维护环节的注意事项有哪些?

业扩工单到“客户空间位置及拓扑关系维护”环节时，必须要在此环节中对专用变压器、计量箱等图形进行维护，维护完成后，右侧设备信息显示“已绘制”等状态，之后点击“图形发布”，再进行下一步操作。

第 2 节　营销业务常见问题分析及处理方法

◇ 1. 如何处理“站—线—变”关系不一致问题?

专用变压器用户在营销业务应用系统和电网 GIS 系统“所属线路（字段）”

不一致。

如图 2–12 所示，电网 GIS 系统中专用变压器“所属线路（字段）”为“青齐线 516 间隔”。

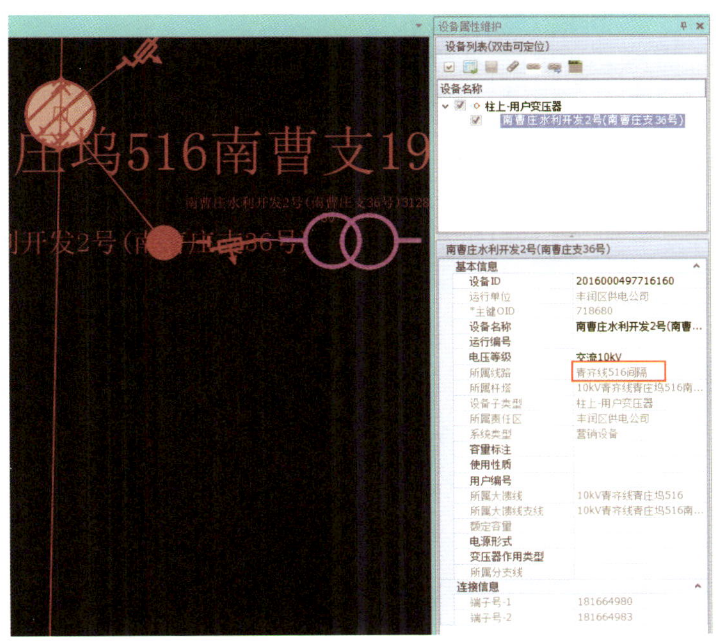

图 2–12　电网资源图形管理系统变压器所属线路

但营销业务应用系统用户对应的“所属线路（字段）”为“电网＿青南线 527 间隔”，如 2–13 所示。

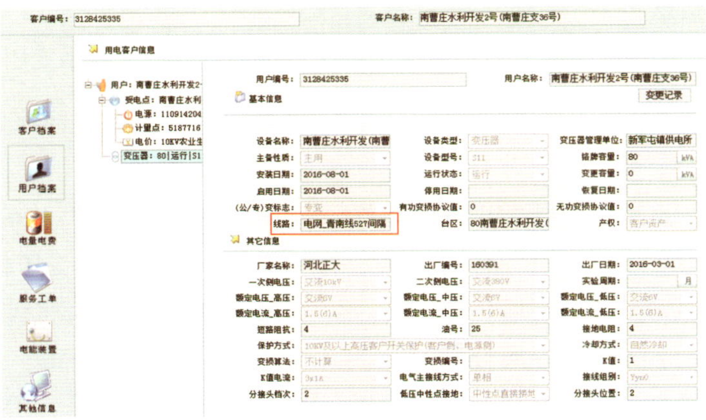

图 2–13　用户所属线路

问题原因 1　PMS 侧线路切完成后，线路信息未同步至营销业务应用系统。

问题原因 2　业扩工单在“客户空间位置及拓扑关系维护”环节中，专用变压器挂接到错误线路。

解决方案

第一步　需核实现场变压器的所属线路。

第二步　将营销业务应用系统的专用变压器用户和电网 GIS 系统的变压器所属线路与现场变压器的所属线路进行对比。

若营销业务应用系统线路信息正确，需在电网 GIS 系统中将专用变压器切改到正确线路下，并做“线路更新（功能）”（线路更新具体操作步骤见本书第 4 章第 1 节第 12 问）。

若电网 GIS 系统中专用变压器挂接关系正确，需在营销业务应用系统“杂项—批量修改线路台区（功能）”模块下将专用变压器用户调整到正确线路下。

◇ 2. 如何处理营销业务应用系统内有，电网 GIS 系统无对应的专用变压器问题？

专用变压器用户在营销业务应用系统中“数据档案”正常，但在电网 GIS 系统中不存在对应的图形数据。

问题原因　一般为业扩报装流程操作不规范导致。

解决方案　根据营销业务应用系统中用户的档案信息核实现场“是否存在”专用变压器。

若存在，核实专用变压器现场位置，并在电网 GIS 系统进行图形绘制，并填写相关属性信息。

若现场已销户，需在营销业务应用系统走销户流程拆除专用变压器。

◇ 3. 如何处理电网 GIS 系统已维护专用变压器图形，但无“线—变”关系问题？

电网 GIS 系统已绘制专用变压器图形，但未生成“线—变”关系。

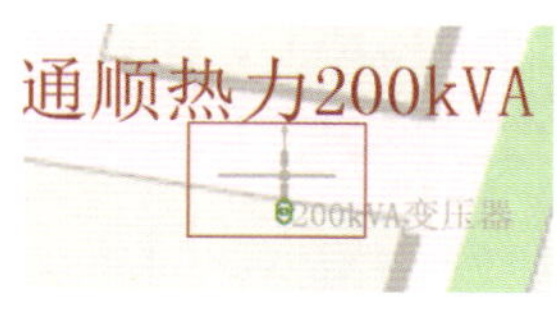

图 2-14　专用变压器图形

问题原因　电网 GIS 系统中专用变压器与上级线路拓扑未连通，以及专用变压器的“所属线路（字段）”等属性信息缺失，导致未生成“线—变”关系。如图 2-14 所示，专用变压器图形为孤立设备，未与上级线路连通。

解决方案

第一步　在电网 GIS 系统中将专用变压器与上级设备正确连接。

第二步　通过“线路更新（功能）”，将连接后的专用变压器与上级设备进行属性信息更新（电网 GIS 系统具体操作步骤见本书第 4 章第 1 节第 12 问）。

◇ 4. 如何处理户变关系不一致问题？

低压用户在营销业务应用系统与电网 GIS 系统中对应的变压器不一致。如 2–15 所示，营销业务应用系统用户所属台区为“电网 _ 州镇街南新增变压器”。

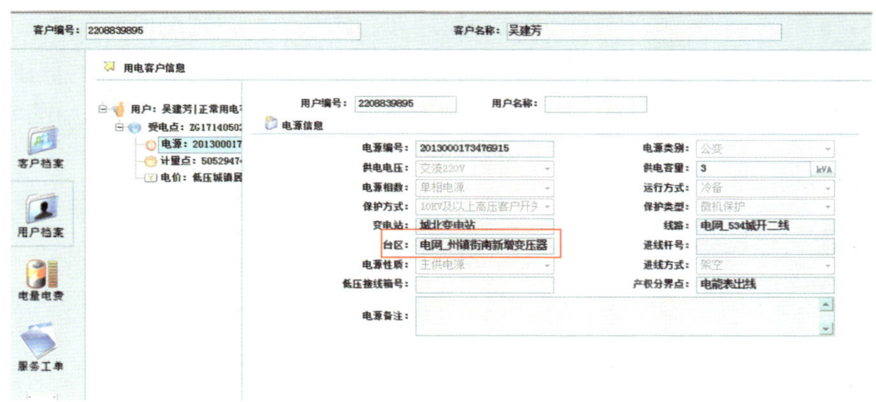

图 2–15　用户所属台区

但电网 GIS 系统中计量箱对应的所属台区为“州镇街南变压器”，如图 2–16 所示。

第一种情况　在营销业务应用系统台区下有两台变压器，其中一台变压器“PMSID（字段）”为空，且总表用户关联在无“PMSID（字段）”的变压器上（营销自建变压器）。

问题原因　在“小区新装流程中现场勘查—受电设备方案（环节）”，未选择运检推送变压器而自建变压器。

解决方案

第一步　将业扩工单中自建变压器改为“拆除”状态（具体操作方法见本章第 1 节第 7 问）。

第二步　将总表用户与运检推送变压器上报可视化平台做关联。

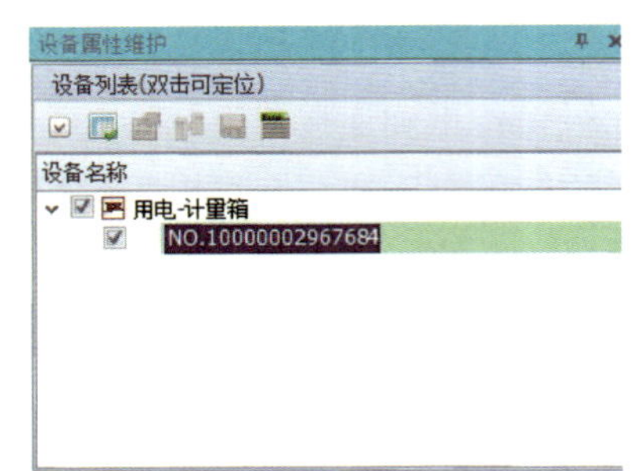

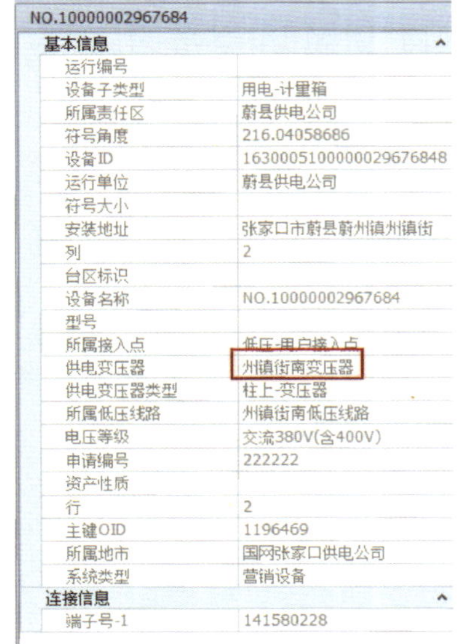

图 2-16　电网 GIS 系统计量箱属性信息

第二种情况　用户在营销业务应用系统和电网 GIS 系统中对应的变压器不一致。

问题原因 1　营销业务应用系统中已调户，但电网 GIS 系统中未修改计量箱所属台区。

问题原因 2　在电网 GIS 系统中，修改计量箱与变压器的挂接关系后，户变关系未同步到营销业务应用系统。

解决方案

第一步　需核实用户现场所属台区。

第二步　将营销业务应用系统的低压用户和电网 GIS 系统对应的计量箱与现场用户的所属台区进行对比。

若电网 GIS 系统与现场一致，需要在营销业务应用系统中“新装增容及变更用电—杂项电—批量更改线路台区（功能）”模块下，将用户修改到正确台区下。

若营销业务应用系统档案与现场一致，则需要在电网 GIS 系统中定位计量箱，将计量箱与正确台区挂接即可。

另外，核对计量箱位置是否正确，若位置正确，找到正确台区后将计量箱与正确台区挂接；若计量箱位置错误，将计量箱移动到正确位置后，再与正确台区挂接。

第三种情况　同一计量箱中存在两个或多个台区的电能表（该问题在变户不一致和表箱跨台区问题中同时存在）。

问题原因　业扩报表流程操作有误或系统问题导致。

解决方案　需要根据表箱跨台区问题数据在营销业务应用系统：“计量箱管理—运行计量箱关系维护 / 运行电能表关系维护（功能）”中将电能表修改到正确台区下对应的计量箱中。

◇ 5. 如何处理一表多箱问题？

问题原因　一个运行电能表同时关联两个或多个计量箱，如图 2-17 所示。

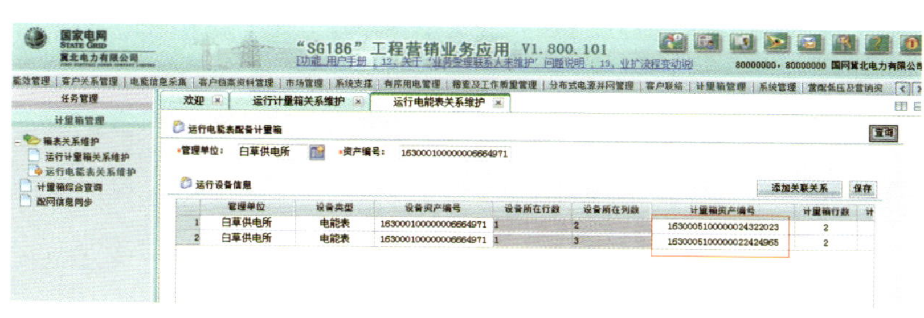

图 2-17 一表多箱

解决方案

将需要解除箱表关系的电能表和计量箱信息汇总上报可视化平台处理。

◇ 6. 如何处理无箱表关系问题?

问题原因 营销业务应用系统中，正常低压用户（“运行”状态）的电能表未关联计量箱。

解决方案

第一步 在营销业务应用系统中，依次打开“计量箱管理—箱表关系维护—运行电能表关系维护（功能）”，选择电能表管理单位，输入电能表资产编号，点击查询按钮，查询运行电能表信息。如图 2-18 所示，红框范围内数据为空即为低压无箱表关系的问题。

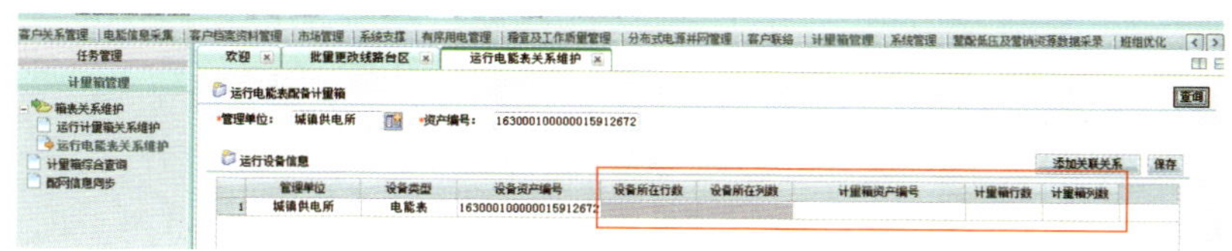

图 2-18 低压无箱表关系

第二步 点击“添加关联关系（按钮）”，系统弹出“计量箱信息（页面）”。如图 2-19 所示。

第三步 核实正确计量箱资产编号和电能表在计量箱中的位置（行、列），输入计量箱资产编号，点击查询按钮，查询电能表需要关联的计量箱。

友情提示 在管理单位一栏中，必须要选择到供电所一级，不能在县级管理单位下进行查询。如图 2-20 所示。

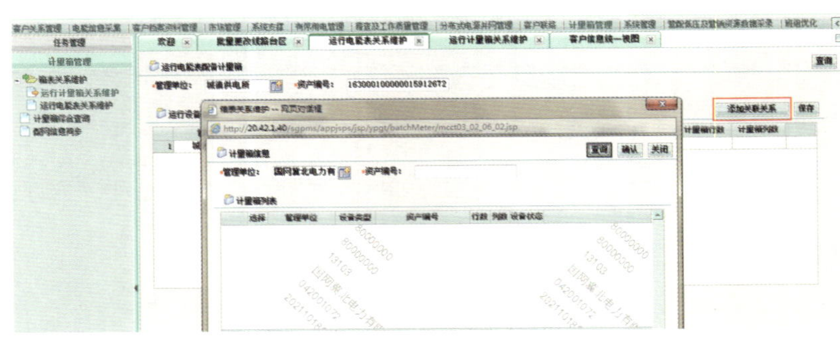

图 2-19　添加关联关系

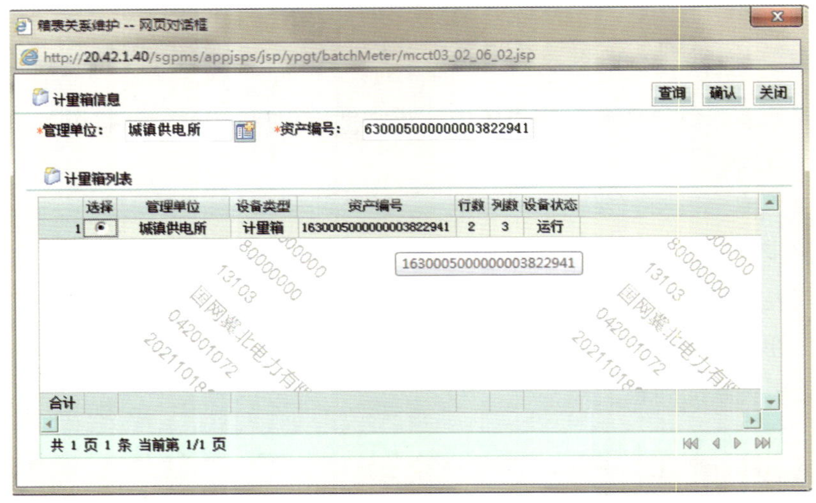

图 2-20　查询需关联计量箱

第四步　选中查询出的计量箱，点击确认按钮，“计量箱信息（页面）”自动关闭，页面返回到查询电能表信息页面，如图 2-21 所示。

图 2-21　已关联箱表关系

第五步　填写表位（行、列）信息，点击“保存”按钮，如图 2-22 所示。

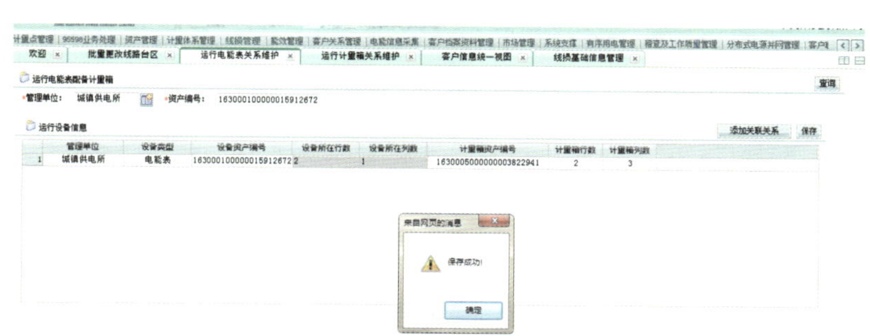

图 2-22　填写行、列信息

◇ 7. 如何处理表箱垮台区问题?

问题原因　营销业务应用系统中，同一计量箱中存在两个或多个台区电能表，如图 2-23 所示。

	区县名称	管理单位	计量箱资产编号	电能表资产编号	台区编号	台区名称
57	宣化县供电分公	洋河南所	11200159997000000238944	1630001000000016671679	1202685943	电网_柳林子3号变
58	宣化县供电分公	洋河南所	11200159997000000238944	1630001000000011828856	1202685942	电网_柳林子2号变
59	宣化县供电分公	洋河南所	11200159997000000238944	1630001000000011786286	1202685942	电网_柳林子2号变
60	宣化县供电分公	洋河南所	11200159997000000238944	1630001000000011826570	1202685942	电网_柳林子2号变
61	宣化县供电分公	洋河南所	11200159997000000238944	1630001000000011801051	1202685942	电网_柳林子2号变
62	宣化县供电分公	洋河南所	11200159997000000238944	1630001000000011800826	1202685942	电网_柳林子2号变
63	宣化县供电分公	洋河南所	11200159997000000238944	1630001000000011799838	1202685942	电网_柳林子2号变
64	宣化县供电分公	洋河南所	11200159997000000238944	1630001000000011797476	1202685942	电网_柳林子2号变
65	宣化县供电分公	洋河南所	11200159997000000238944	1630001000000011828341	1202685942	电网_柳林子2号变
66	宣化县供电分公	洋河南所	11200159997000000238944	1630001000000012116955	1202685942	电网_柳林子2号变
67	宣化县供电分公	洋河南所	11200159997000000238944	1630001000000011334512	1202685942	电网_柳林子2号变

图 2-23　表箱垮台区

解决方案 1　通过“运行计量箱关系维护”功能，修改错误箱表关系。

第一步　在营销业务应用系统中，依次打开“计量箱管理—箱表关系维护—运行计量箱关系维护”模块，选择计量箱所属单位，输入计量箱资产编号，点击查询按钮，查询计量箱信息。如图 2-24 所示。

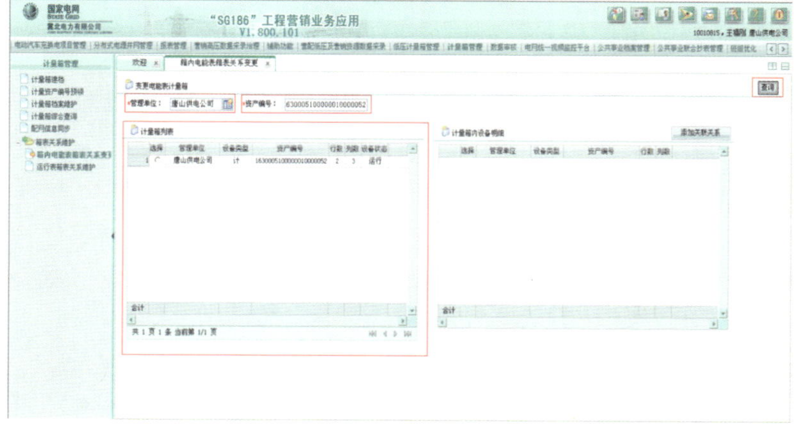

图 2-24　计量箱信息

第二步　选中计量箱，在计量箱设备明细列表中显示所选计量箱中电能表信息，如图 2–25 所示。

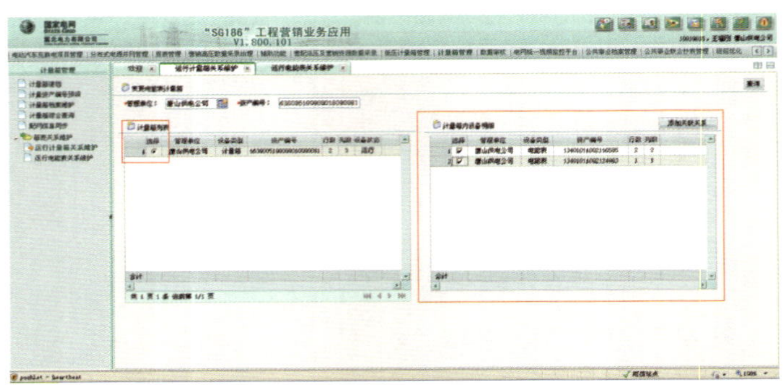

图 2–25　计量箱内设备明细

第三步　选中需要调整箱表关系的电能表，可以多选，点击添加关联关系按钮，弹出箱表关系维护页面。如图 2–26 和图 2–27 所示。

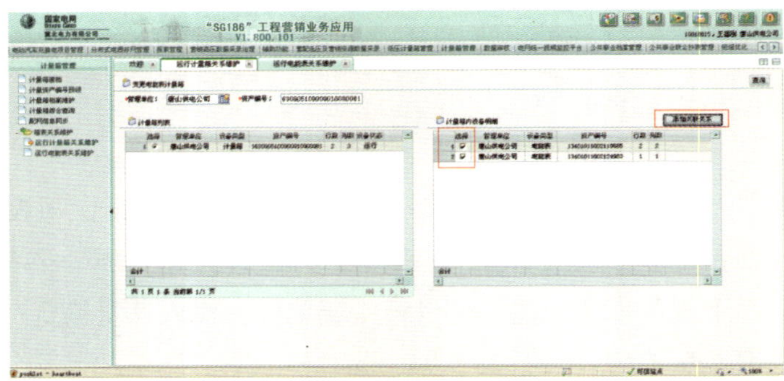

图 2–26　添加关联关系

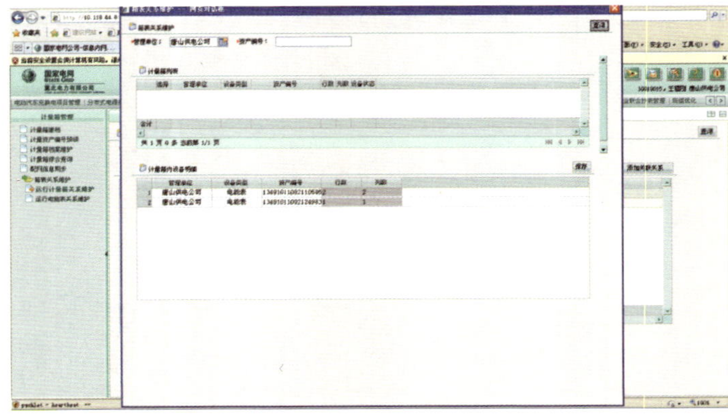

图 2–27　箱表关系维护

第四步　核实正确计量箱资产编号和电能表在计量箱中的位置（行、列），选择计量箱管理单位，输入正确计量箱资产编号，点击查询按钮，查询出电能表需要关联的计量箱。如图 2–28 所示。

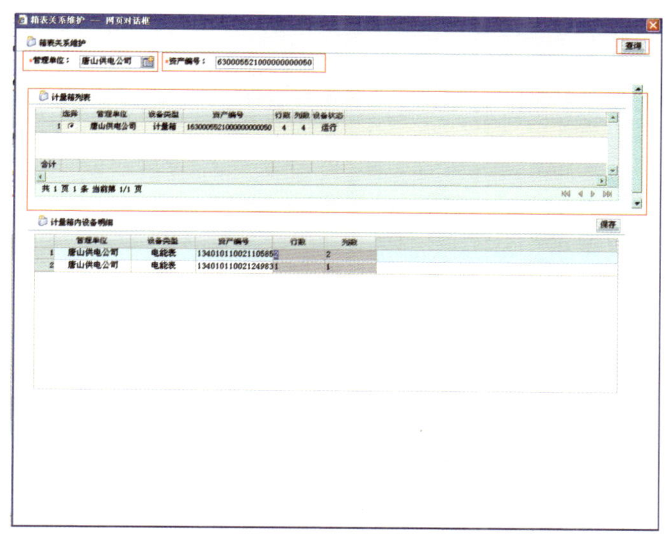

图 2–28　查询正确计量箱

第五步　选中计量箱后，在计量箱内设备明细列表中填写电能表所在计量箱中的表位（行、列）信息，点击保存按钮，保存修改后箱表关系如图 2–29 所示。

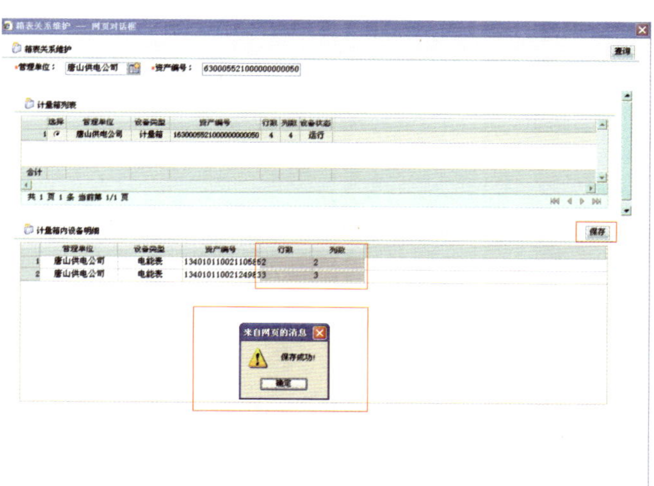

图 2–29　填写行、列信息

解决方案 2　通过“运行电能表关系维护”功能，修改错误箱表关系。

第一步　在营销业务应用系统中，依次打开“计量箱管理—箱表关系维护—运行电能表关系维护”模块，选择电能表管理单位，输入电能表资产编号，点击查询按钮，查询运行电能表信息，如图 2-30 所示。

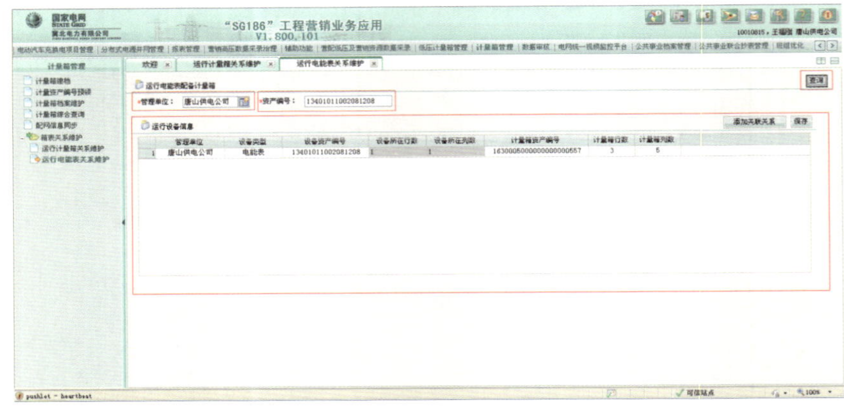

图 2-30　查询电能表信息

第二步　点击添加关联关系按钮，系统弹出计量箱信息页面，如图 2-31 所示。

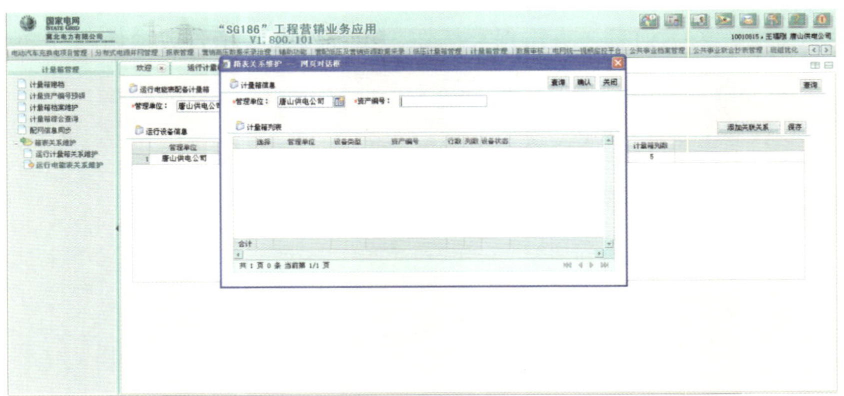

图 2-31　添加关联关系

第三步　核实正确计量箱资产编号和电能表在计量箱中的位置（行、列），选择计量箱管理单位，输入正确计量箱资产编号，点击查询按钮，查询出电能表需要关联的计量箱，如图 2-32 所示。

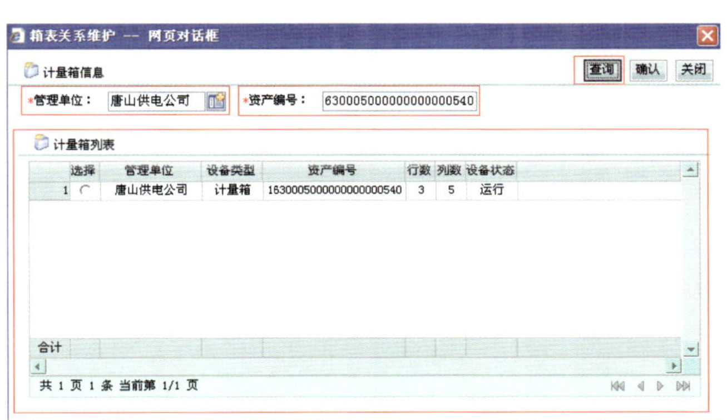

图 2-32　查询正确计量箱

第四步　选中查询的计量箱，点击确认按钮，计量箱页面自动关闭，返回到查询电能表信息页面，电能表的“计量箱资产编号（字段）”变为新的计量箱资产编号，且表位被清空，如图 2-33 和图 2-34 所示。

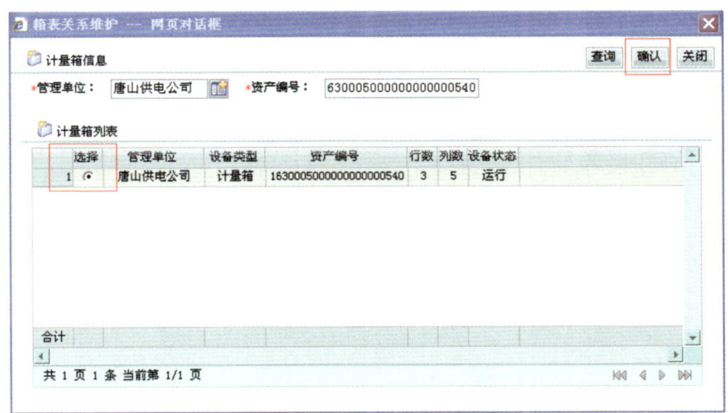

图 2-33　添加正确计量箱

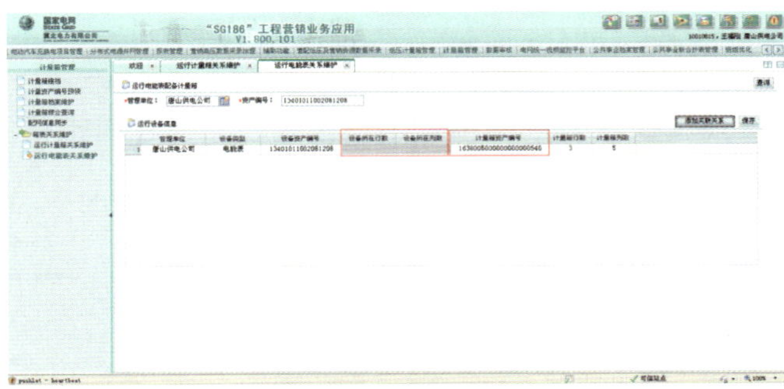

图 2-34　已关联箱表关系

第五步　填写正确表位信息，点击“保存”按钮，如图 2-35 所示。

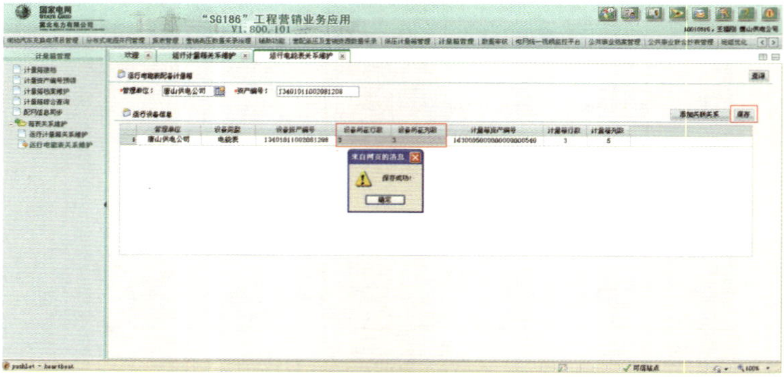

图 2-35　填写行、列信息

◇ 8. 如何处理低压电能表未挂运行变压器问题？

问题原因　营销业务应用系统中，正常用电用户（“运行”状态）对应的变压器为“停运”或“拆除”状态。

解决方案

第一步　核实现场变压器运行情况。

第二步　在营销业务应用系统中，修改台区运行状态或将用户调至正确台区。

若现场变压器运行状态为“在运”，需要将营销业务应用系统中变压器改为“运行”状态。

若现场变压器运行状态为“停用”或“拆除”，需要核实营销业务应用系统中户变关系是否正确。

若户变关系错误，需在营销业务应用系统“杂项—批量修改线路台区”模块下将用户调至正确台区。

若现场用户已销户，需走业扩销户流程将用户销户。

◇ 9. 如何处理营销业务应用系统中在修改线路信息时报错问题？

问题原因　线路信息中“是否支线”字段可能为空，如图 2-36 所示。

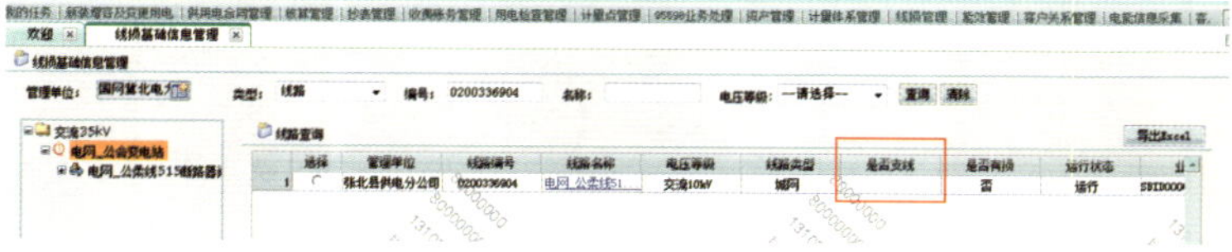

图 2-36　查看“是否支线”字段

解决方案　将线路信息上报可视化平台处理。

◇ 10. 如何处理营销业务应用系统正常用电用户对应的变压器为停用状态问题?

问题原因　营销业务应用系统中，正常用电用户（“运行”状态）对应的变压器为“停运”状态。

解决方案

第一步　核实现场变压器运行情况。

第二步　在营销业务应用系统中，修改台区及变压器运行状态，或将用户调至正确台区。

若现场变压器已“停用”或“退役”，需要根据现场情况在营销业务应用系统中将此变压器下的用户更改到正确的变压器下。

若现场变压器“在运”，需要将营销业务应用系统中变压器及台区改为“运行”状态。

◇ 11. 如何处理 GIS 与营销计量箱对应上，但 GIS 无“计量箱接入点关系”问题?

问题原因　计量箱在电网 GIS 系统中图形绘制不正确导致属性信息缺失，一般分两种情况。

第 1 种情况　计量箱为孤岛设备。

解决方案　用连接线将计量箱与低压接入点进行连接，若计量箱位置错误，需将计量箱移动到正确位置后，再与低压接入点进行连接。

第 2 种情况　计量箱挂接不正确。

解决方案　将计量箱与上级低压接入点进行连接。

◇ 12. 如何处理营销业务应用系统中计量箱行列信息错误问题?

问题原因　计量箱建档时行列填写错误。

解决方案　登录营销业务应用系统，依次打开“计量箱管理—计量箱档案维护—选择计量箱管理单位—输入计量箱资产编号—点击查询—选中需修改数据—

点击资产参数维护—修改计量箱行列信息—保存”即可，如图 2–37 所示。

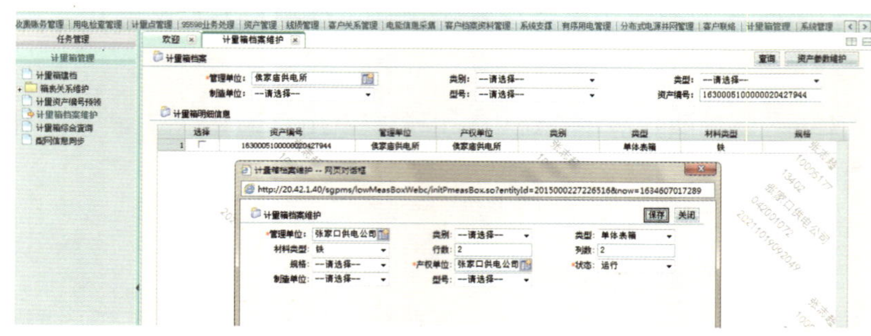

图 2–37 修改计量箱行、列信息

友情提示 计量箱档案维护信息中，“管理单位（字段）”和“产权单位（字段）”会自动更改为所登录的账号的管理单位，若所登录账号的管理单位与计量箱管理单位不一致，需将“管理单位（字段）”和“产权单位（字段）”修改正确后，再点击“保存”。

◇ 13. 如何处理营销业务应用系统运行状态计量箱行列数为“0”问题？

问题原因 1 现场为正常在运计量箱，但在计量箱建档时行列填写错误。

解决方案

第一步 核实现场计量箱实际行列数。

第二步 在营销业务应用系统中，依次点开“计量箱管理—计量箱档案维护—选择计量箱管理单位—输入计量箱资产编号—点击查询（功能）”，选中需修改的数据，点击“资产参数维护（字段）”，将行列数修改正确后，点击“保存”，如图 2–38 所示。

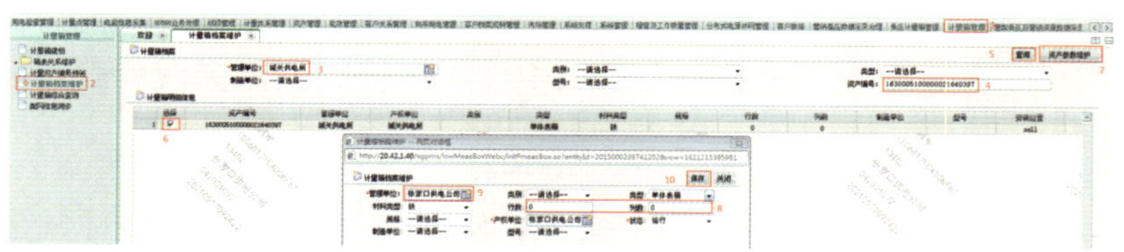

图 2–38 修改计量箱行、列信息

问题原因 2 现场计量箱已报废，计量箱状态未更改。

解决方案 在营销业务应用系统中，依次打开“计量箱管理—计量箱档案维护—选择计量箱管理单位—输入计量箱资产编号—点击查询（功能）”，选中需修改的数据，点击“资产参数维护”，将运行状态改为“已报废”后，点击“保存”。如图 2–39 所示。

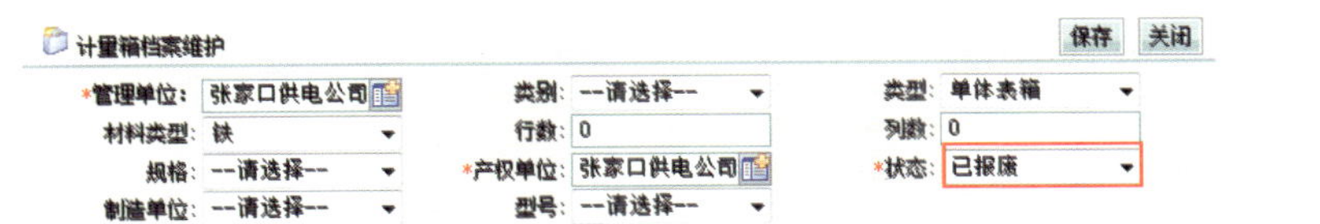

图 2–39　修改计量箱状态信息

友情提示　计量箱档案维护信息中，“管理单位（字段）”和“产权单位（字段）”会自动更改为所登录的账号的管理单位，若所登录账号的管理单位与计量箱管理单位不一致，需将“管理单位（字段）”和“产权单位（字段）”修改正确后，再点击“保存”。

◇ 14. 如何处理营销业务应用系统中台区与变压器“公专变标志（字段）”不一致问题？

解决方案

第一步　核实现场变压器“公专变”性质。

第二步　将营销业务应用系统中台区与变压器“公专变标志（字段）”改为一致。

此后分为两种情况处理。

第 1 种情况　台区“公专变标志（字段）”为“专变”，变压器“公专变标志（字段）”为“公变”，如图 2–40 所示，若现场为“公变”台区，将台区的“公专变标志（字段）”改为“公变”，具体操作步骤见本章第 1 节第 7 问。

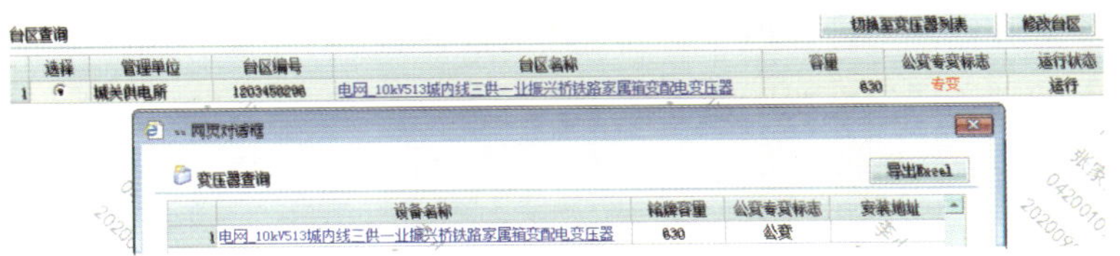

图 2–40　台区、变压器档案信息

第 2 种情况　台区“公变专变标志（字段）”为“公变”，变压器“公专变标志（字段）”为“专变”，如图2–41所示，若现场为专变台区，需上报可视化平台将变压器“公专变标志（字段）”改为“公变”。

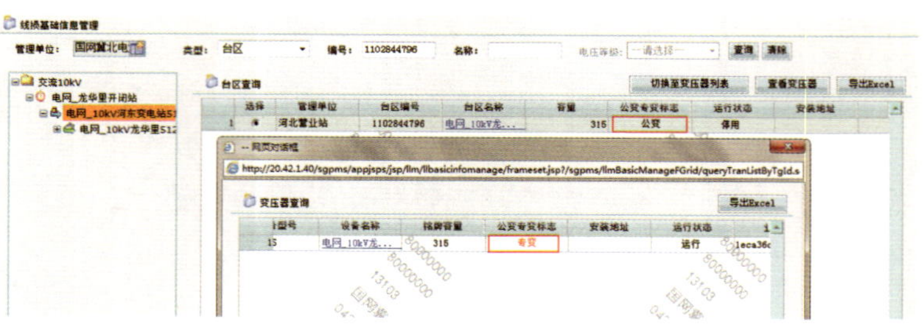

图2-41　台区、变压器档案信息

◇ 15. 如何处理营销业务应用系统中台区下无变压器问题？

问题原因　营销自建台区下无变压器。

解决方案

第一步　需在营销业务应用系统中“杂项—批量修改线路台区”模块下将用户调整到正确台区下。

第二步　将营销自建台区改为“拆除”状态。

◇ 16. 如何处理电网GIS系统有“计量箱—接入点关系”，但无“接入点—变压器关系”问题？

问题原因1　低压线路以及低压接入点未关联正确变压器，导致“所属供电变压器（字段）”缺失或错误。

解决方案

第一步　在PMS系统客户端中通过“线路更新（功能）”将低压线路（设备属性信息）更新到正确变压器。

第二步　在电网GIS系统中，在“计量箱管理（功能）”下做“计量箱分析”，更新计量箱的“所属供电变压器（字段）”。

问题原因2　低压接入点及以下设备为孤岛设备，且未关联变压器。

解决方案

第一步　在PMS系统客户端中，将低压接入点与上级设备进行连接。

第二步　在电网GIS系统中，通过“线路更新（功能）”更新低压接入点及以下设备属性信息（线路更新具体操作步骤见本书第 4 章第 1 节第 12 问）。

第三步　在电网 GIS 系统中，在“计量箱管理”模块下做“计量箱分析”，更新计量箱的“所属供电变压器（字段）”。

◇ 17. 如何处理营销业务应用系统中台区已拆除，PMS 系统中变压器台账为在运状态问题？

问题原因　营销业务应用系统台区状态与 PMS 系统中变压器台账运行状态不一致，如图 2-42 和图 2-43 所示。

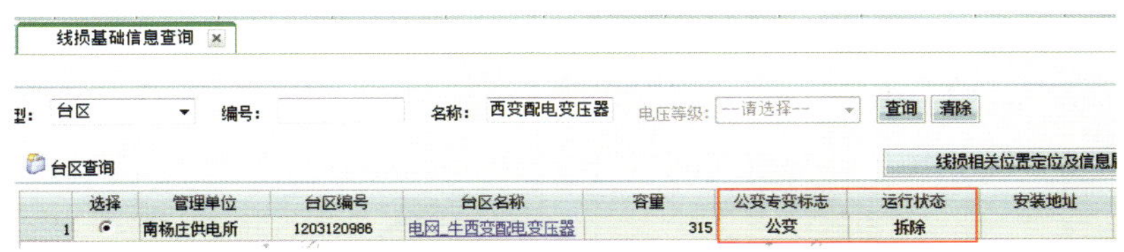

图 2-42　营销业务应用系统台区信息

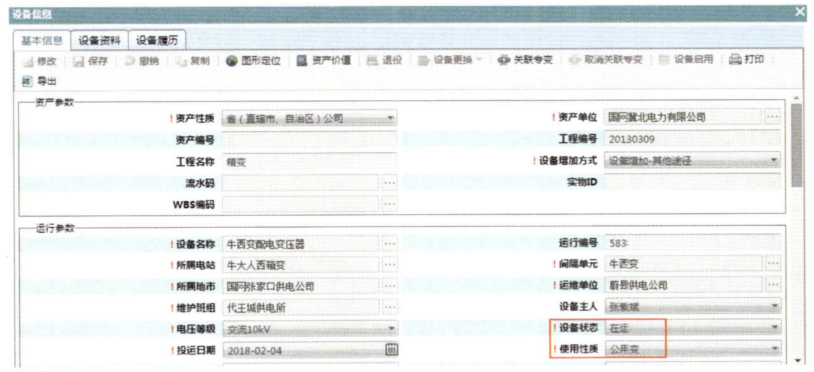

图 2-43　PMS 系统变压器台账

解决方案

第一步　核实现场变压器运行状态。

第二步　将 PMS 系统中变压器台账改为“退役”状态，或将营销业务应用系统中台区恢复为“运行”状态。

若现场变压器已拆除，需运检人员将 PMS 系统中变压器台账改为“退役”状态。

若现场变压器在运，将营销业务应用系统中台区恢复为“运行”状态。

◇ 18. 如何处理营销业务应用系统台区为运行状态，但无用户问题？

问题原因 1　新建台区未走新装上户流程。

解决方案　需联系业扩专业进行上户。

问题原因 2　现场用户已销户。

解决方案　根据现场变压器运行情况，将营销业务应用系统中台区及变压器修改为“停运”或“拆除”状态。

◇ 19. 如何处理营销业务应用系统中有两个相同公用变压器台区，且变压器“PMS_ID（字段）”不同问题？

问题原因　在 PMS 系统中走“增容（减容）”流程时，“新建变压器”推送到营销业务应用系统后，会出现两个对应台区（1 新 1 旧），并且用户在“原有台区”下。

友情提示　注意事项：在“增容（减容）”流程时，应在 PMS 系统中将“原有变压器”删除并重新绘制。

解决方案

第一步　需在电网 GIS 系统中，核实新建变压器“设备 ID（字段）”。

第二步　在营销业务应用系统中，通过新建变压器“设备 ID（字段）”，明确新建台区。

第三步　将“原有台区”下用户调至“新建台区”下。

第四步　将“总表用户”与“新建变压器”做关联。

第五步　将营销业务应用系统中“原有台区、原有变压器”的运行状态改为拆除。

设备（资产）运维精益管理系统

第1节　设备（资产）运维精益管理系统常见功能解析

◇ 1. 什么情况需要进行设备新增?

针对新投运(待投运)设备新增台账和图形信息，需通过设备变更申请中“设备新增”业务流程来维护。

◇ 2. 什么情况需要进行设备修改?

针对已投运（待投运）设备台账或图形信息进行更改，需通过设备变更申请中“设备修改”流程维护。

◇ 3. 什么情况需要进行设备更换?

针对待更换的设备修改台账信息（不需要对图形信息进行更改），需通过设备变更申请流程中“设备更换”业务流程来维护。

◇ 4. 什么情况需要进行设备退役?

针对待退役（现场已达到使用年限、损毁、升级改造等）的设备删除图形并退役台账信息，需通过设备变更申请流程中“设备退役”业务流程来维护（退役设备在退役前必须完成转资）。

◇ 5. 什么情况需要进行线路切改?

针对线路起点设备切改、支线设备切改等，需通过设备变更申请流程中“线路切改”业务流程来维护。

友情提示“线路切改”完成后做“线路更新”操作。

◇ 6. 什么情况需要进行线路更新?

当线路设备的“所属线路”不存在或者不正确时，需通过“线路更新”功能将“所属线路”维护正确。

◇ 7. 什么情况需要进行杆号重排?

当杆塔号排序错误，需通过“杆号重排”功能重新排序杆塔。

◇ 8. 什么情况需要进行线路关联?

当线路与变电站未进行关联或线路与变电站关联错误时，需通过使“线路关联”功能维护正确。

友情提示 “线路关联”可实现线路的线路类型、起始电站、出线间隔、出线开关，起点设备的信息变更。

◇ 9. 什么情况需要进行导线 / 电缆重定义?

当导线 / 电缆台账中起止设备（杆塔、电缆终端头）错误或为空，需通过“导线 / 电缆重定义”功能维护正确。

◇ 10. 什么情况需要进行杆塔转换?

当现场杆塔性质 / 材质发生变更，需通过“杆塔转换”功能转换正确。

友情提示 “杆塔转换”可实现直线与耐张杆塔相互转换。

◇ 11. 什么情况需要进行切改修正?

当柱上设备所属线路（所属杆塔）不正确，需通过“切改修正”功能进行修正。

◇ 12. 什么情况需要进行馈线分析?

当电站出线新增或更改时，建立、维护普通线路与馈线间的挂接关系，需通过“馈线分析”功能设置线路与馈线的挂接关系。

◇ 13. 什么情况需要进行大馈线分析?

当更改设备所属大馈线、所属大馈线支线信息时，需通过“大馈线分析”功能进行维护。

◇ 14. 什么是停电模拟分析?

“停电模拟分析”功能可以在设备正常运行情况下，通过模拟开关状态更改分析影响的设备，并高亮分析结果。

◇ 15. 什么是电源点追溯?

“电源点追溯”功能可以追溯设备的供电点及供电路径，并高亮分析结果。

◇ 16. 什么是低压台区分析?

当柱上变压器、配电变压器的低压设备绘制完成时，“低压台区分析”功能可以检测柱上变压器和配电变压器的低压设备连接情况及供电范围，并高亮分析结果。

◇ 17. 什么是未知任务解锁?

当设备在图形维护任务中在修改时，提示设备被未知任务锁定时，可以使用“未知任务解锁”功能将设备解锁。

◇ 18. 什么是质量检查工具?

“质量检查工具”功能主要检查系统已有站房，线路台账、图形关联关系属性是否合理。

◇ 19. 什么是开关常开 / 常闭状态?

开关设备（柱上断路器、站内断路器）的常开状态代表着设备的拓扑连接状况，根据设备的常开状态，分析设备所属大馈线。常开状态存在两种：常开和常闭。常开，代表开关两端拓扑不连接。常闭，代表开关两端设备连接通路。

◇ 20. 什么是开关状态?

开关设备（柱上断路器、柱上隔离开关、柱上隔离开关、站内断路器、站内负荷开关、站内熔丝、站内隔离开关等）的闭合和拉开代表设备的供电状态。闭合状态存在两种：闭合和拉开。闭合，代表设备通电，下级设备处于运行状态。拉开，代表设备未通电，下级设备处于待运状态。

第 2 节　PMS 系统常见流程问题

◇ 1. 如何处理图形缺少铭牌？

问题原因 1　图形和铭牌未关联。

解决方案

第一步　确认该设备的铭牌是否存在。

第二步　若铭牌存在，则先解除关联错误的铭牌关系，然后将正确的铭牌与图形进行关联，如图 3–1 所示。

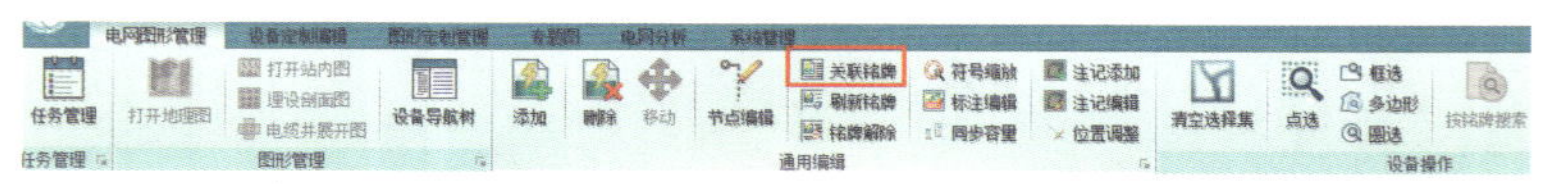

图 3–1　电网图形管理—关联铭牌（功能）

第三步　若铭牌不存在，则新建铭牌，再将图形与铭牌进行关联。

问题原因 2　图形为多余数据。

解决方案

第一步　新建设备变更流程。

第二步　进行图形维护，删除多余图形。

第三步　发布图形，结束任务。

问题原因 3　图形与现场一致，但缺少铭牌。

解决方案

第一步　在“铭牌申请单编制”模块中创建铭牌。

第二步　将新建的铭牌与图形进行关联。

◇ 2. 如何处理站内图形缺少台账？

问题原因 1　图形与台账均存在，但是未关联，导致图形没有台账。

解决方案

第一步　检查图形是否存在铭牌。

第二步　若存在铭牌；将铭牌与图形进行关联。

第三步　若不存在铭牌；首先，在铭牌申请单编制模块中创建铭牌；然后，关联图形与铭牌，如图 3–2 所示，最后，待图形任务提交后，铭牌自动生成台账。

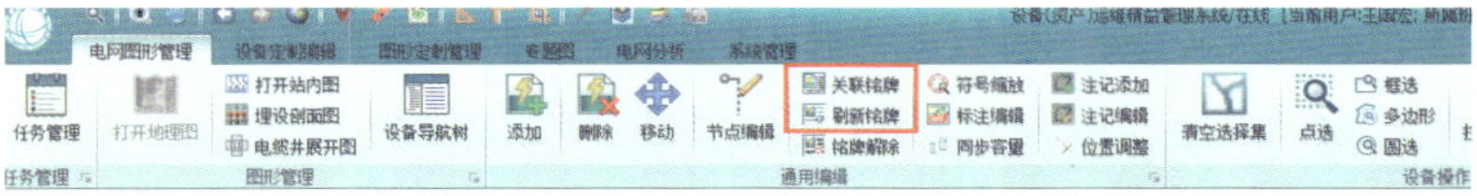

图 3-2 电网图形管理—关联铭牌（功能）

问题原因 2　图形与现场不一致，现场不存在该设备。

解决方案

第一步　新建设备变更流程。

第二步　进行图形维护，删除对应图形。

第三步　发布图形，结束任务。

◇ 3. 如何处理铭牌信息错误？

解决方案

第一步　新建铭牌申请单。

第二步　在对应铭牌申请单中点击“变更”。

第三步　在“变更”页面查询找到“待变更”铭牌。

第四步　进行铭牌信息变更。

友情提示　存在铭牌的设备，如果铭牌信息错误时，无法直接通过修改设备台账中名称进行处理，需要对设备所关联的铭牌进行变更，变更后图形及台账中对应名称和编码均自动修正。

◇ 4. 如何处理电缆段（导线段）所属电缆（所属导线）不正确？

问题原因 1　电缆段（导线段）以及所属电缆（所属导线）均存在，但是所属线路不一致。

解决方案　需把电缆段（导线段）与设备属性中所属电缆（所属导线）的所属线路整改正确。

问题原因 2　电缆段（导线段）以及所属电缆（所属导线）均存在，但未正确关联或电缆段（导线段）以及所属电缆（所属导线）不存在。

解决方案　需找到未正确关联的电缆段（导线段），使用导线 / 电缆重定义，重新关联或创建电缆（导线）。

◇ 5. 如何处理柱上设备台账缺少所属杆塔，但图形中存在该杆塔？

问题原因　柱上设备与所属杆塔的“所属线路（字段）”不一致。

解决方案

第一步　确认柱上设备与所属杆塔正确的所属线路。

第二步　新建设备变更流程。

第三步　进行图形维护，通过“线路更新（功能）”，更新设备属性信息。

第五步　发布图形，结束任务。

友情提示　柱上设备、所属运行杆塔的“所属线路（字段）”应相同。

◇ 6. 如何处理在地理图中无法查看低压设备的问题？

问题原因　“图层管理”中“低压设备”功能未应用。

解决方案

第一步　在 PMS 系统打开“图层管理”，如图 3–3 所示。

第二步　在图层管理中将“低压设备”小眼睛打开如图 3–4 所示。

第三步　点击应用，如图 3–4 所示。

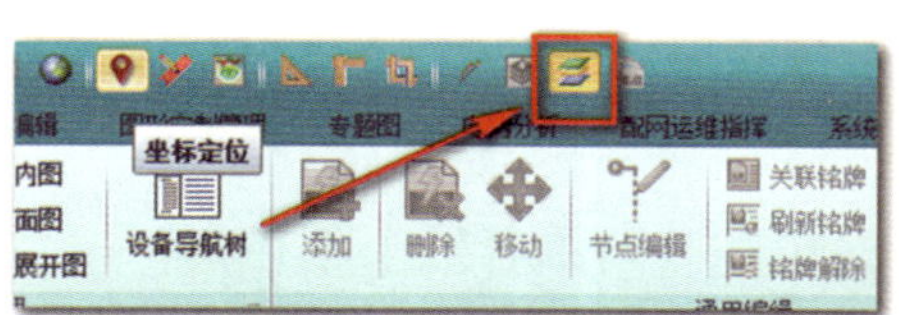

图 3–3　图层管理（功能）

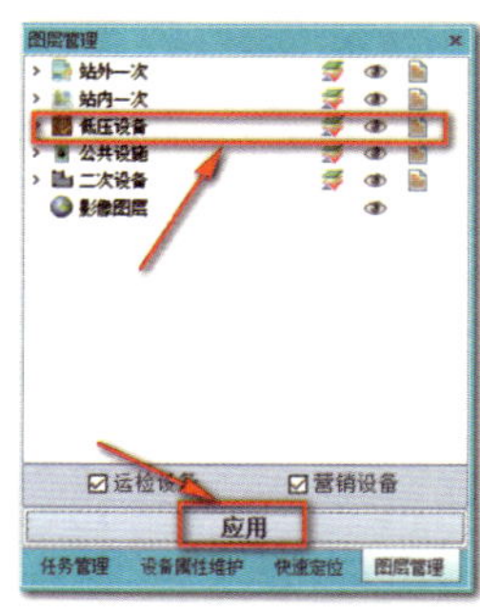

图 3–4　图层管理—低压设备—应用（功能）

◇ 7. 如何处理线路台账中总长度与架空、电缆线路长度不一致？

解决方案

第一步　新建台账变更流程。

第二步　核实台账信息“线路总长度（字段）”是否与实际（架空、电缆线路长度和）相符。

第三步　若不符合，则点击线路台账上方“刷新长度（功能）”按钮，使线路台账中总长度与架空、电缆线路长度和一致，如图 3–5 所示。

友情提示　刷新长度功能系统会自动将线路下杆塔档距及电缆段长度加和。

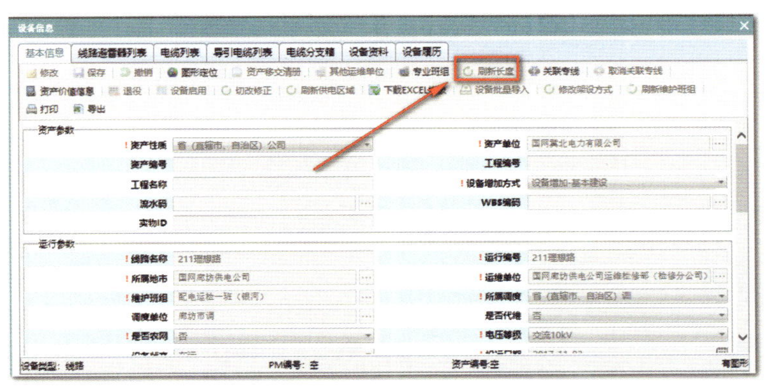

图 3-5　台账维护—刷新长度（功能）

◇ 8. 如何处理台账维护完成后在发送至结束时，提示存在未发布图形任务？

问题原因　图形任务未维护完成。

解决方案

第一步　查看图形是否未维护，将图形维护流程完成。

第二步　结束设备变更申请流程即可。

友情提示　在填写设备变更申请单时，同时勾选“图形变更”和“台账变更”，要先进行图形维护，再进行台账维护。

◇ 9. 如何修改配网设备“运行编号（字段）”为空？

解决方案

第一步　新建设备变更流程。

第二步　在台账维护任务中，直接填写设备“运行编号（字段）”。

第三步　提交台账维护任务，结束设备变更申请流程。

◇ 10. 如何处理台账中线路与电站的挂接关系错误［即线路“起始电站（字段）”错误］？

解决方案

第一步　在图形维护流程中，单击“线路关联（功能）”进行变更线路的起始点设备操作，如图 3-6 所示。

第二步　点选目标间隔下的设备，自动获取目标间隔信息（起始电站、出现间隔、出现开关、起点设备），修改正确信息后，单击界面‘保存’按钮，如图 3-7

所示。

图 3-6　设备定制编辑—线路关联（功能）

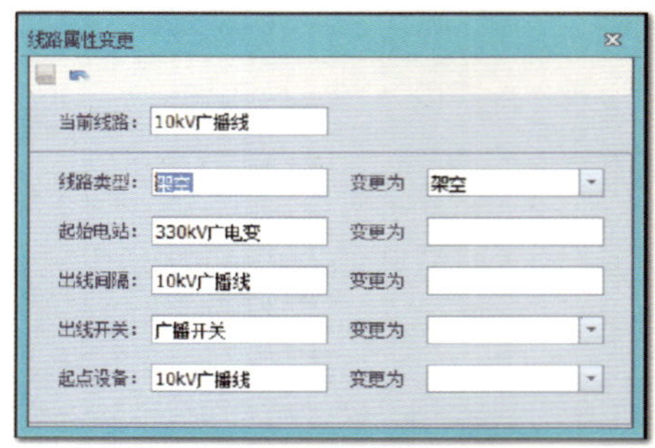

图 3-7　设备定制编辑—线路关联—线路属性变更（功能）

第三步　保存完成并图形发布后，台账侧自动变更线路“起始电站（字段）”。

◇ 11. 如何处理变压器在营销业务应用系统无对应？

问题原因 1　现场变压器已拆除（退役）。

解决方案　在 PMS 系统删除该变压器图形，并退役设备台账。

问题原因 2　PMS 系统与营销业务应用系统变压器“使用性质（字段）”不一致。

第 1 种情况　在 PMS 系统中为公用变压器，在营销业务应用中为专用变压器。

解决方案

第一步　核实现场变压器的使用性质。

第二步　根据核查结果，修改 PMS 系统与营销业务应用系统的“使用性质（字段）”，使系统中变压器“使用性质（字段）”与现场保持一致。

第 2 种情况　专用变压器公用或公用变压器专用。

解决方案　按照（如相关文件），对变压器进行修改。

问题原因 3　新建变压器在中间库同步失败。

解决方案

第一步　确认变压器在 PMS 系统有相应属性台账信息，在营销业务应用系统无属性台账信息。

第二步　数据确认后，上报管控平台，重新同步即可。

问题原因 4　营销业务应用系统与现场存在（非拆除）变压器，而 PMS 系统中未绘制变压器。

解决方案

第一步　在 PMS 系统中补录公用变压器图形及台账（维护完整参数）。

第二步　图形及台账发布后，上报管控平台，完成营销业务应用系统 PMS_ID 维护工作。

◇ 12. 如何批量维护线路上较多的同类型设备？

解决方法

第一步　在台账维护流程中，在“设备导航树（功能）”找到对应线路。

第二步　在设备台账上方点击“批量修改”按钮，如图 3–8 所示。

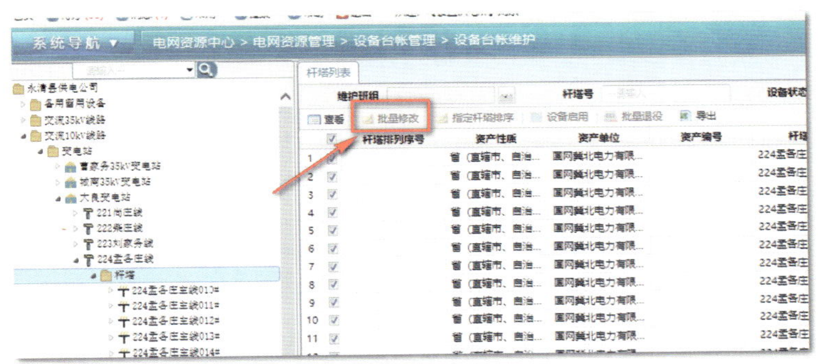

图 3–8　台账维护—批量修改（功能）

◇ 13. 如何在系统中录入待更换的设备？

解决方案

第一步　发起设备变更申请流程，申请类型选择“设备更换”，如图 3–9 所示。

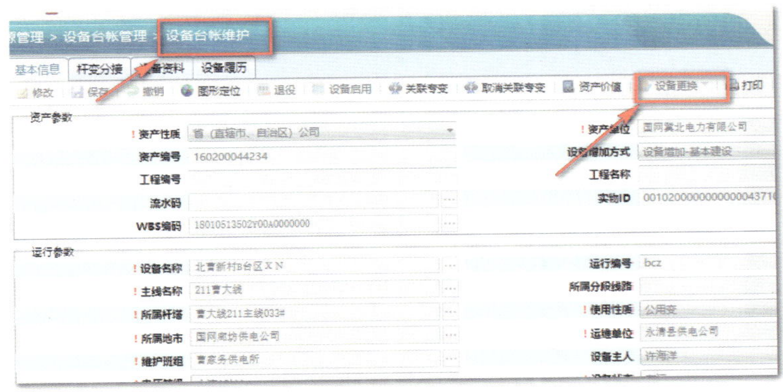

图 3–9　台账维护—设备更换（功能）

第二步　点击设备台账维护，在导航树找到该设备。

第三步　点击设备台账上方的“设备更换”按钮，系统自动撤销旧台账，同时生成新台账。

第四步　对生成的新台账进行维护，完成台账维护后发布。

友情提示　设备更换时图形不需做任何修改，只需勾选台账变更即可。

◇ 14. 如何在系统中完成设备退役流程?

解决方案

第一步　新建设备变更申请，申请类型选择“设备退役”。

第二步　进行图形维护，删除退役设备的图形。

第三步　进行台账维护，点击设备台账上方的“退役”按钮，如图 3-10 所示。

第四步　结束变更流程。设备退役完成后，退役资产由资产专责进行处置。

友情提示　退役设备在退役前须已经转过资。

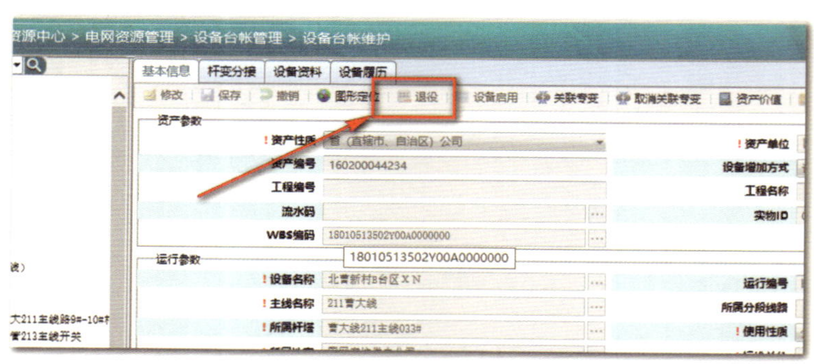

图 3-10　台账维护—退役（功能）

◇ 15. 如何在设备导航树找到低压线路并查看低压设备?

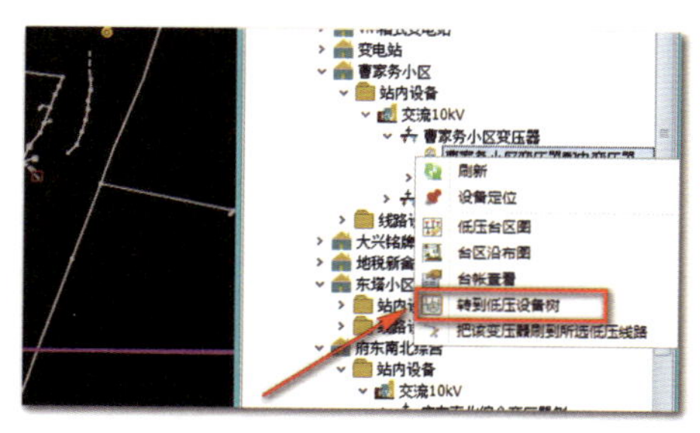

图 3-11　设备导航树—转到低压设备树（功能）

解决方案

第一步　在“设备树（功能）”上选择配电变压器。

第二步　右键点击“转到低压设备树”，如图 3-11 所示，获取低压线路信息，即可在“低压设备树（功能）”查看低压设备。

第 3 节　设备（资产）运维精益管理系统常见图形问题

◇ 1. 图形维护时，添加设备时无法编辑怎么办？

问题原因　在填写设备变更申请单时，未勾选“允许变更图形拓扑”。

解决方案

第一步　将图形任务退回至“变更审核”。

第二步　勾选“变更图形拓扑”，如图 3–12 所示。

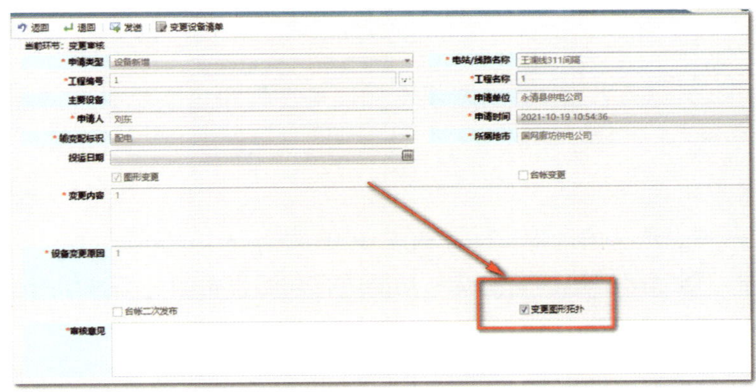

图 3–12　图形维护—变更图形拓扑（功能）

◇ 2. 图形维护时，导线段“起始杆塔（字段）”为空如何处理？

问题原因 1　操作问题。

解决方案

第一步　“点选”选中目标导线段。

第二步　右键菜单中选择“属性关联”，关联该设备的起点\终点设备如图 3–13 所示。

问题原因 2　杆塔属于营销设备，但是对应导线段属于运检设备。

解决方案

第一步　点选对应（杆塔、导线）设备，在“设备属性”中查看“系统类型”。

第二步　核实现场设备的归属情况。

第三步　将混淆的部分删除，根据现场实际归属重新录入。

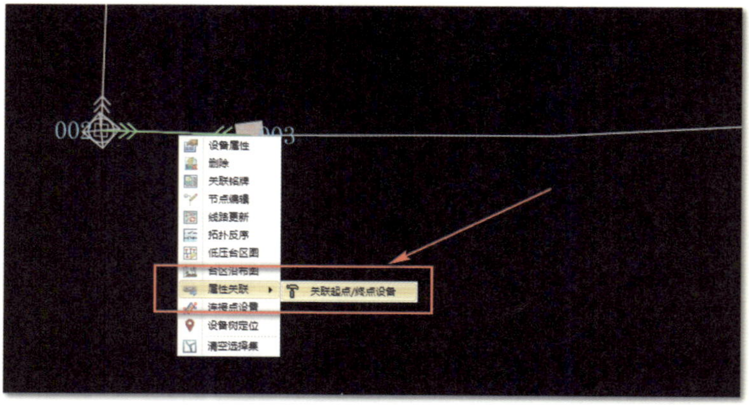

图 3-13　右键—属性关联—关联起点 / 终点设备（功能）

◇ 3. 图形维护时，查看线路或发起任务过程中，发现导线“起始杆塔”为空如何处理？

解决方案

第一步　“点选”内选中目标导线。

第二步　用“导线 / 电缆重定义”功能进行起始设备的更新，如图 3-14 所示。

第三步　核实线路拓扑连通性。

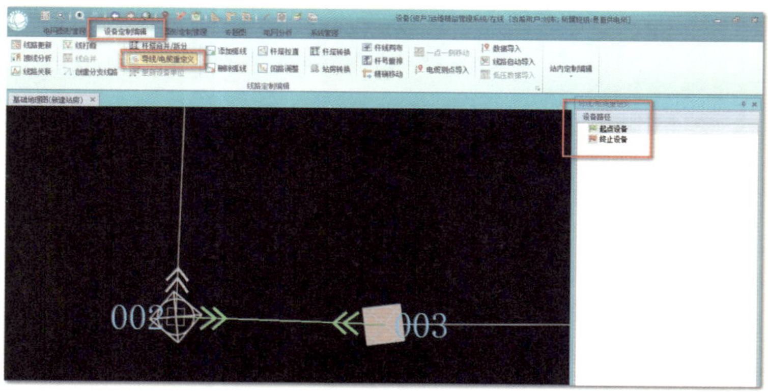

图 3-14　设备定制编辑—导线 / 电缆重定义（功能）

◇ 4. 图形维护时，站内图形绘制时选取不到电系铭牌？

问题原因 1　在删除图形（有铭牌设备）时，未做“铭牌解除（功能）”。

解决方案　上报项目组进行铭牌释放。

友情提示　有铭牌的设备在删除前先做“铭牌解除(功能)”，如图 3–15 所示。

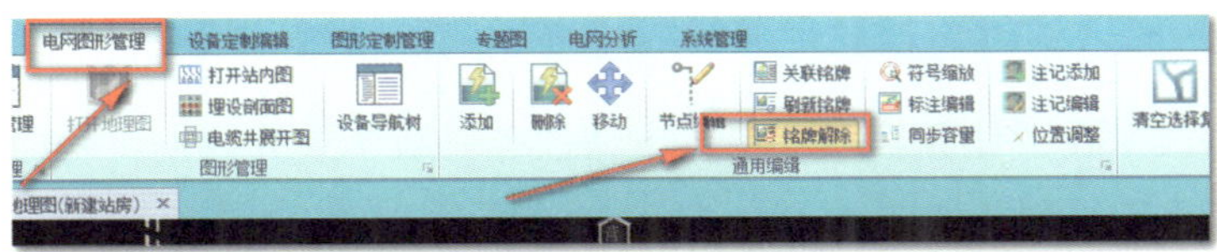

图 3–15　电网图形管理—铭牌解除（功能）

问题原因 2　建立的铭牌字段错误，如 “电压等级（字段）” 不一致。

解决方案

第一步　在 “铭牌申请单编制” 中，修改电压等级，如图 3–16 所示。

第二步　通过 “关联铭牌（功能）”，将图形与铭牌关联。

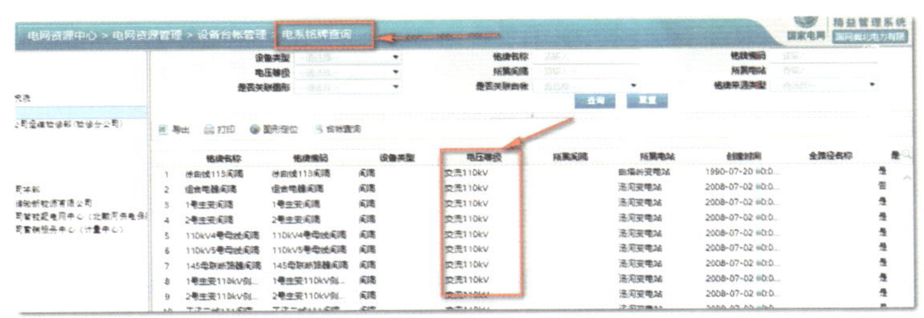

图 3–16　电系铭牌查询—电压等级（功能）

问题原因 3　相同类型的设备关联了非对应铭牌，导致现设备无铭牌可关联。

解决方案

第一步　将相关设备解除铭牌。

第二步　铭牌释放后，将图形关联正确铭牌。

◇ 5. 图形维护时，整个间隔删除后重新绘制，但新建间隔时无法选择铭牌如何处理？

问题原因　间隔存在未删除的虚拟设备。

解决方案

第一步　在设备导航树下，将对应间隔删除，如图 3–17 所示。

第二步　再次绘制间隔后，选择铭牌即可。

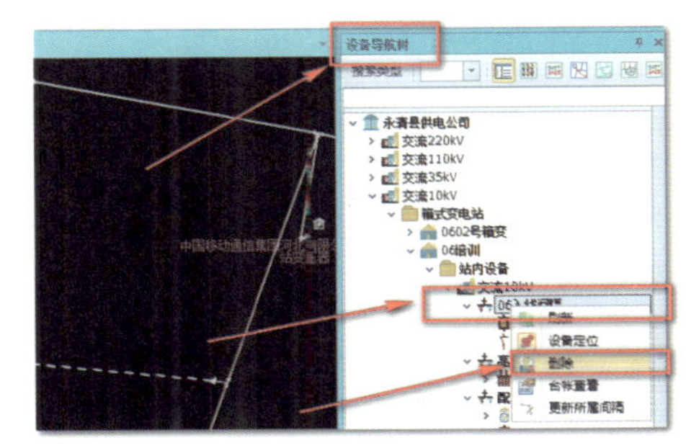

图 3–17　设备导航树—选中待删除间隔—删除（功能）

友情提示　在录入站房类设备时，应尽可能避免整个间隔进行删除操作。

◇ 6. 图形修护时，若发生导线或杆塔误删除情况，设备如何找回?

解决方案　在“任务管理—变更申请任务—版本差异数据（功能）”中将任务退回，并重新绘制，如图 3-18、图 3-19 所示。

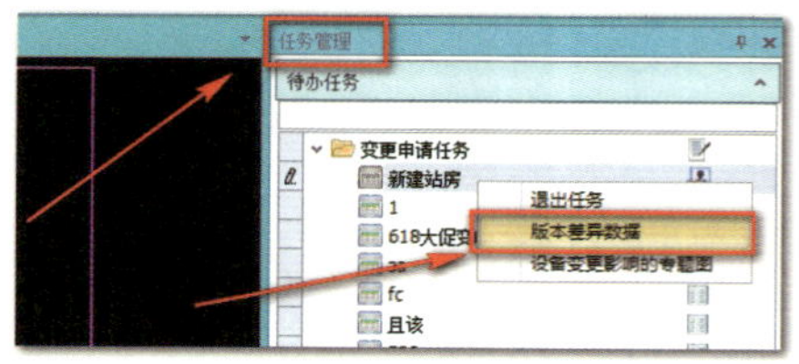

图 3-18　任务管理—版本差异数据（功能）

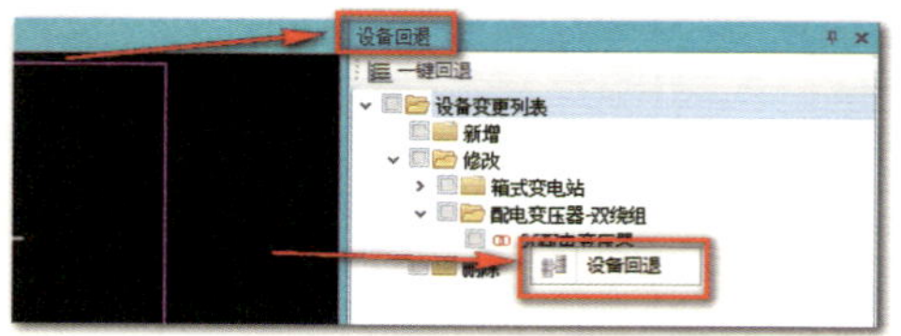

图 3-19　设备回退（功能）

◇ 7. 图形维护时，站内母线绘制较短（较长），无法合理排布进出线间隔怎么办?

解决方案　通过“节点编辑（功能）”对母线长度进行调整，如图 3-20 所示。

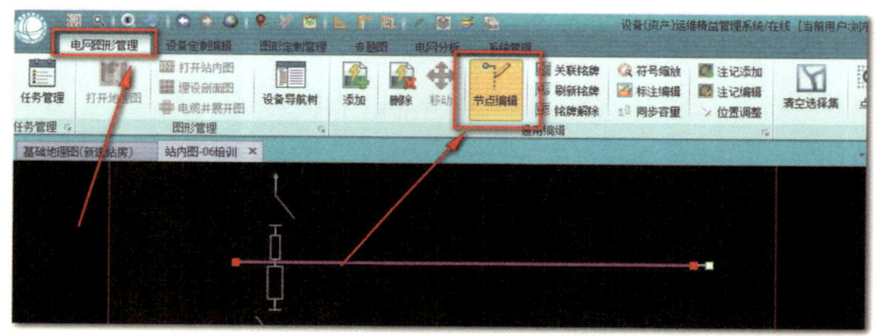

图 3-20　电网图形管理—节点编辑（功能）

◇ 8. 图形维护时，绘制变电站后，发现变电站大小与实际不符如何处理?

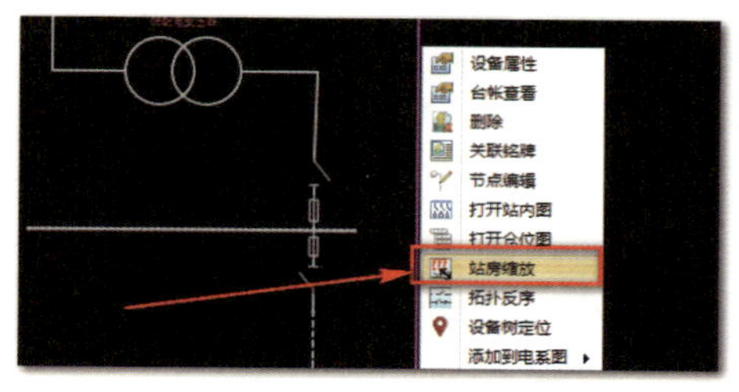

图 3-21　图形维护—右键选中站房—站房缩放（功能）

解决方案

第一步　若只需调整站框大小，右键点击“站房缩放（功能）”，选中站框即可进行大小调整，如图 3-21 所示。

第二步　若需连同站内设备一起进行调整，右键单击“站房缩放（功能）”，按住 shift 键可连同站内设备一起进行缩放。

◇ 9. 图形维护时，电站或站内间隔不带电是怎么回事？

问题原因 1 站内连接线未连通。

解决方案

第一步 通过“拓扑校验（功能）”中的“站房检测”功能检查站内拓扑，如图 3-22 所示。

第二步 通过“节点编辑（功能）”进行连接。

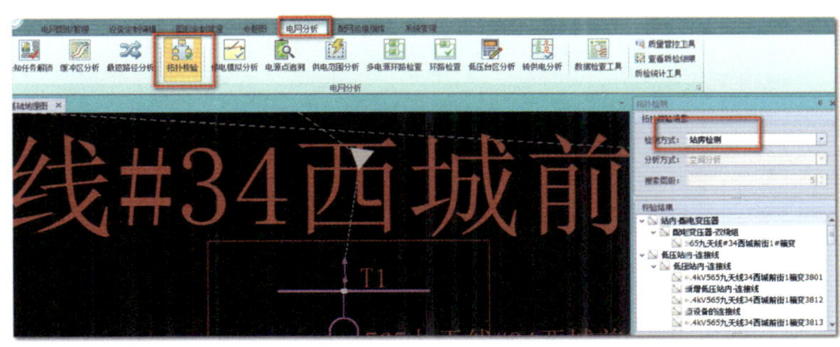

图 3-22 电网分析—拓扑校验（功能）

问题原因 2 站内设备电压等级错误。

解决方案

第一步 检查站内不同电压等级设备是否有连接错误，并定位错误设备。

第二步 将错误设备删除重画。

问题原因 3 站内开关未闭合。

解决方案

第一步 登录 PMS 系统时，勾选“配网运维指挥”，如图 3-22 所示。在进行图形维护时，在任务外进行操作。

第二步 检查站内开关是否闭合，若未闭合，利用“开关置数”功能进行开关闭合，如图 3-24 所示。

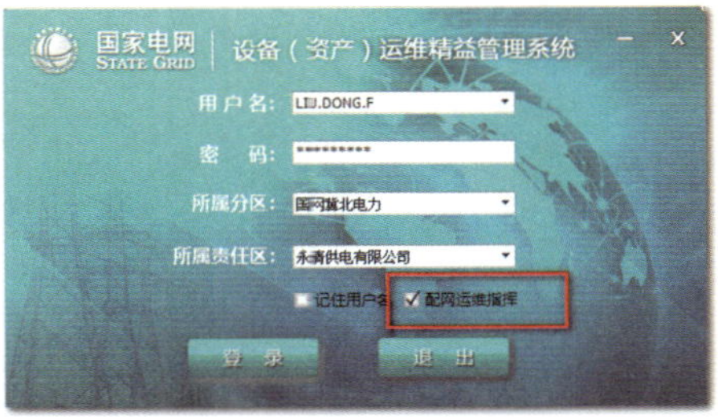

图 3-23 图形客户端—勾选配网运维指挥（功能）

问题原因 4 输电线路未连通。

解决方案

第一步 检查上级输电线路是否连通，若未连通，利用“节点编辑（功能）”

将未连接线路连接。

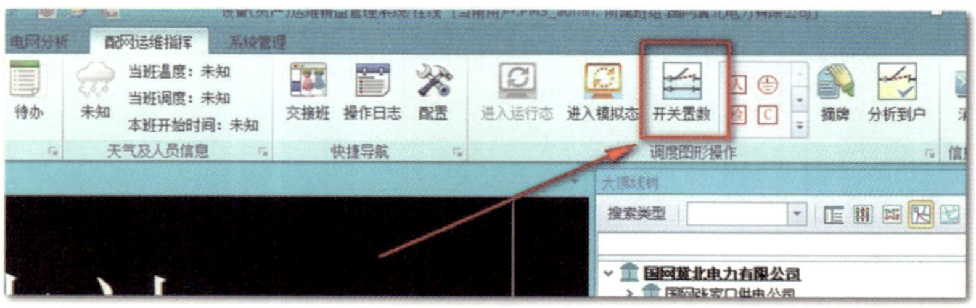

图 3-24　配网运维指挥—开关置数（功能）

第二步　检查上级输电线路是否存在开关未闭合，若存在，利用“变电开关置位”进行开关闭合。

◇ 10. 图形维护时，线路杆塔 / 导线命名错误怎么办？

解决方案　通过“杆号重排”功能，选中起始杆塔及终止杆塔，对整条线路杆塔及导线重新命名，如图 3-25 所示。

友情提示　起始杆塔及终止杆塔必须是耐张杆。

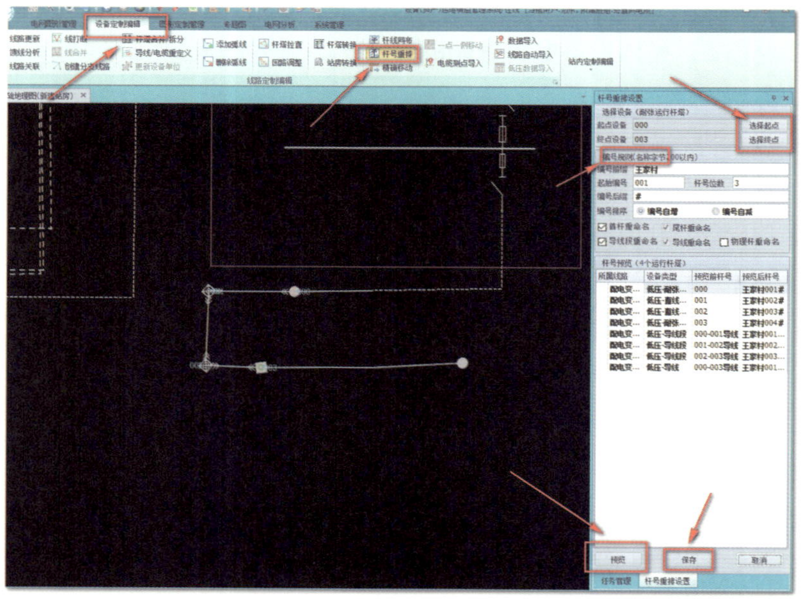

图 3-25　杆号重排（功能）

◇ 11. 图形维护时，图形流程在发送审核时必填字段校验提示“所属责任区”或“运行单位”为空如何处理？

解决方案 1

第一步　在图形中定位该设备并选中。

第二步　通过“更新所属责任区（功能）”完成“所属责任区（字段）”及“运行单位（字段）”写入，如图 3-26 所示。

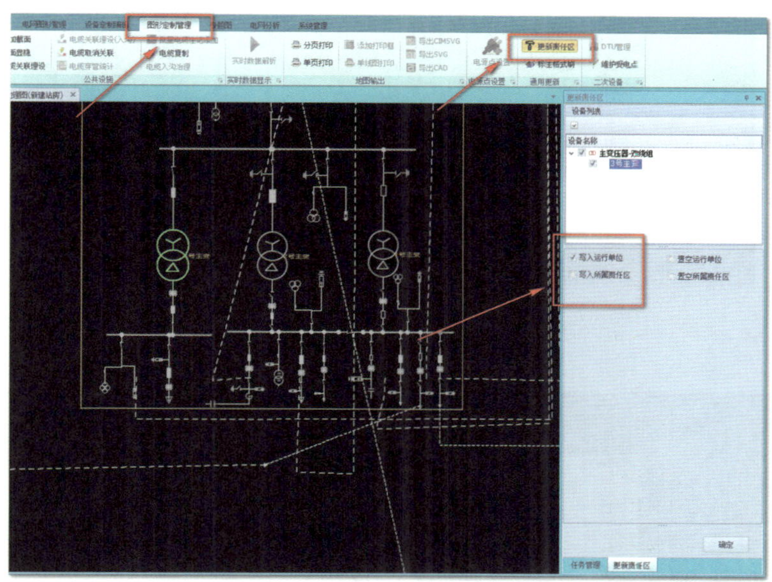

图 3-26　图形定制管理—更新责任区（功能）

解决方案 2

第一步　在图形中定位该设备并选中。

第二步　任务外通过“更新设备单位（功能）”完成“所属责任区（字段）”及“运行单位（字段）”，如图 3-27 所示。

◇ 12. 图形维护时，导线段及运行杆塔带电，物理杆不带电如何处理？

解决方案

第一步　新建设备变更申请流程。

第二步　在图形任务中选中运行杆塔。

第三步　右击打开“属性关联（功能）”关联所属物理杆塔，如图 3-28、图 3-29 所示。

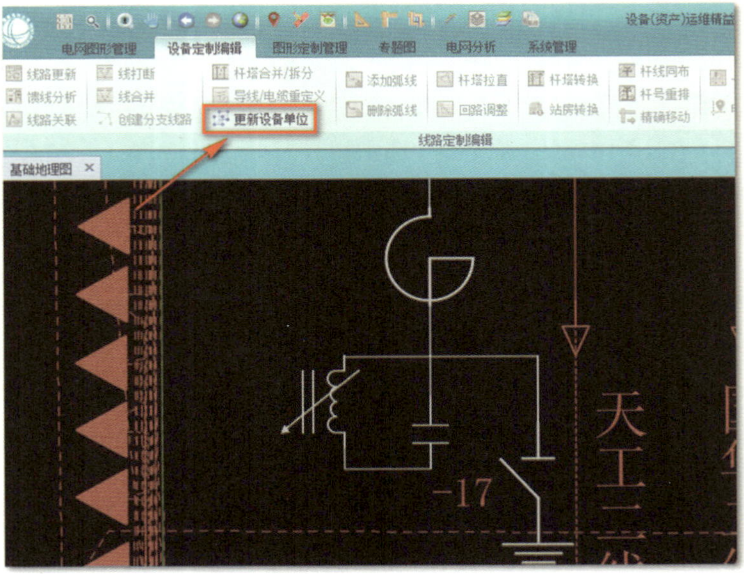

图 3-27 设备定制编辑—更新设备单位

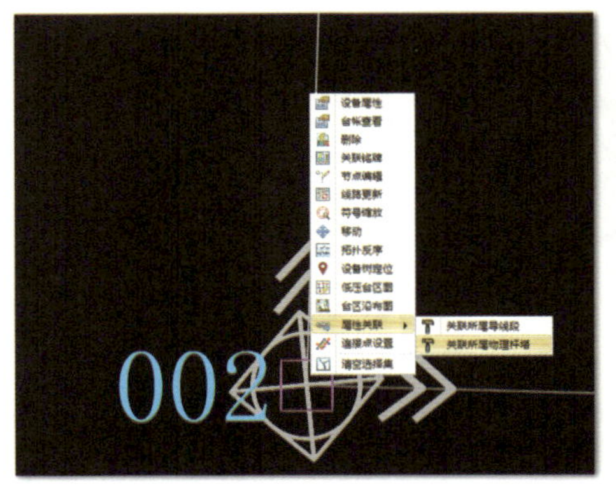

图 3-28 右键—属性关联（功能）

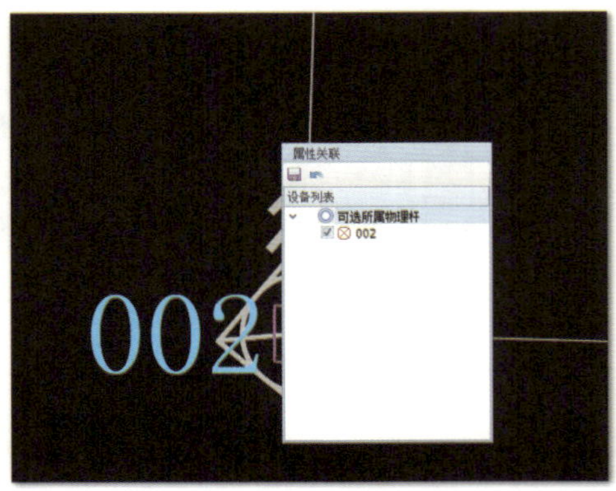

图 3-29 右键—属性关联—选择物理杆塔（功能）

◇ 13. 图形维护时，运行杆塔不带电，物理杆及导线段均带电？

解决方案

第一步 新建设备变更申请流程。

第二步 在图形任务中选中运行杆塔。

第三步 右击打开“属性关联（功能）”关联所属导线段，选择任一导线段点保存。

◇ 14. 图形维护时，线路绘制过程中或完成后，“线路名称（字段）”错误如何改正？

第 1 种情况　线路绘制中出线错误。

解决方案　默认新建线路名称继承站内出现点设备名称，在线路绘制前可修改站内出线点的名称。

第 2 种情况　线路已经绘制完成，名称错误。

解决方案

第一步　新建设备变更申请。

第二步　在图形维护流程中，修改图形线路“设备属性”，如图 3-30、图 3-31 所示。

友情提示　图形流程发布后，台账中线路名称自动根据图形变更（台账中设备名称无法单独修改）。

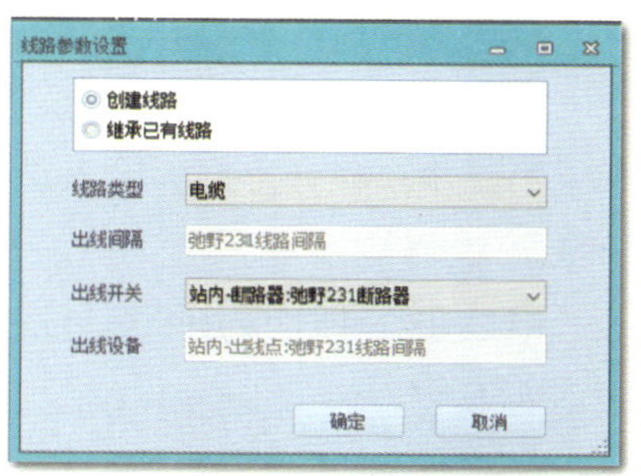

图 3-30　新建线路名称继承站内出线点名称（功能）

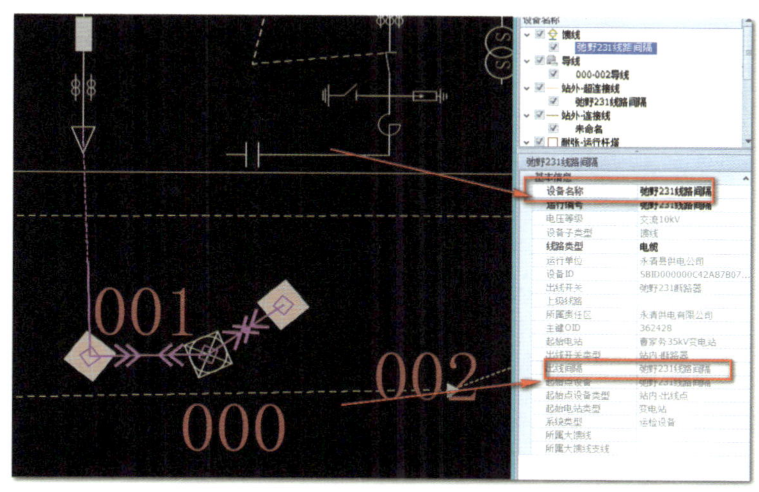

图 3-31　设备属性管理查看（功能）

◇ 15. 图形维护时，需绘制的图形超出当前界面显示范围？

解决方案

第一步　通过键盘功能键 shift+c 漫游功能进行位置移动。

第二步　移动后按 ESC 键退出可漫游状态，继续编辑。

◇ 16. 图形维护时，导入系统的物理杆塔通过杆线同步进行连接时，如何切换运行杆塔设备子类型？

解决方案　杆线同步时，系统默认生成的为直线运行杆塔；若需要转换为耐张运行杆塔，需在绘制的同时长按 Ctrl 键进行转换。

◇ 17. 图形维护时，设备绘制完成后，坐标与实际不符。

解决方案

第一步　选中设备，单击“精确移动（功能）”，如图 3–32 所示。

第二步　在弹出框中输入正确的坐标，或通过单击地理图合适位置读取坐标信息。

第三步　单击应用 [只是选中设备位置移动（经纬度发生变化），其连线方式不变]。

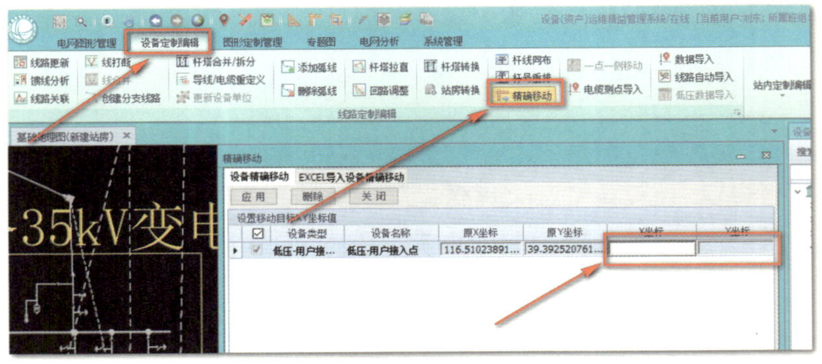

图 3–32　设备定制编辑—精确移动（功能）

◇ 18. 图形维护时，图形在任务中看不到，但是任务外可以看到？

问题原因　图形在任务中删除，但是流程没有结束。

解决方案

第一步　查询未结束的图形任务。

第二步　选中未结束的任务流程，结束任务即可。

友情提示　一般这种情况都是由于图形在任务中被删除，但是流程没有结束造成的。查询到未结束的任务流程，用户将其任务结束，图形即可正常查阅。

◇ 19. 图形维护时，配电变压器台账容量与图形中不一致如何处理?

解决方案

第一步　新建设备变更申请。

第二步　分别在图形及台账侧进行修改。

友情提示　台账默认是根据图形生成的，所以也可以直接修改图形中变压器容量，待图形流程发布结束后，台账侧自动更新。

◇ 20. 图形维护时，新建公用变压器注意事项有哪些?

（1）新增变压器时，需保证变压器挂接的馈线已维护完毕，确保线变关系正常生成。

（2）台账及图形必须在同一天维护完毕，否则读取数据失败，无法同步到营销业务应用系统。

（3）使用“设备变更申请”模块，不使用“新设备变更申请”模块。

◇ 21. 图形维护时，“杆塔名称（杆号）”或“线路名称（字段）”错误，如何修改台账信息?

解决方案

第一步　线路及杆塔无电系铭牌，在图形的设备属性中进行“设备名称”修改，如图 3-33 所示。

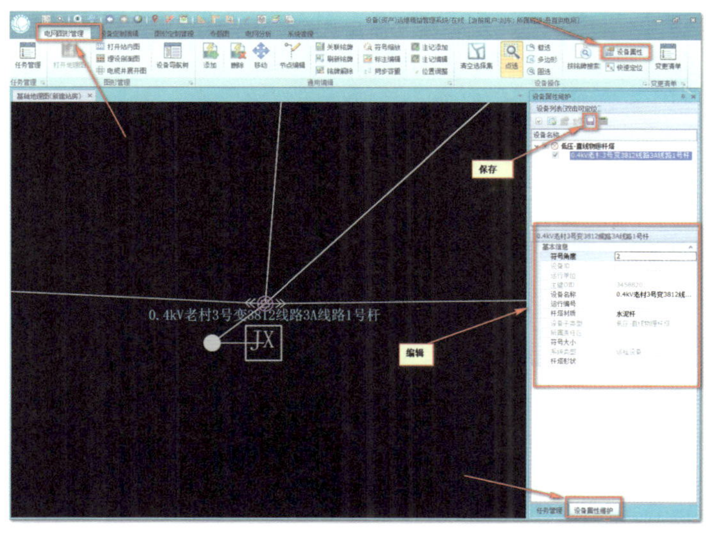

图 3-33　电网图形管理—设备属性—修改（功能）

第二步　修改完成后点击“保存”按钮。

第三步　图形发布后台帐侧自动更新。

友情提示　修改前必须确保需修改的图形和设备已关联。电缆类设备同理。

第 4 节　设备（资产）运维精益管理系统停电信息问题

◇ 1. 在进行停电信息编制时，何种情况会导致无法分析停电设备?

问题原因 1　手动输入变电站和线路名称，导致无法分析停电设备。

解决方案　通过搜索添加或设备树选择添加变电站和线路。

友情提示　变电站和线路必须通过搜索添加或者设备树选择添加。

问题原因 2　置数开关未闭合。

解决方案　通过“开关置数”功能把开关闭合，然后再分析停电设备。

友情提示　通过图形拓扑选择添加时，置数开关须闭合（动断开关），未闭合的开关无法分析出停电设备，需通过开关闭合后再进行停电设备分析。

◇ 2. 在进行停电信息编制时，无法添加营销变压器。

问题原因　运检台账信息中没有营销侧专用变压器台账信息，无法通过台账进行添加。

解决方案　在停电信息编制时，通过“图形拓扑分析（功能）”或“图形选择”添加包含有营销变压器的停电设备。

◇ 3. 在进行停电信息编制时，电站、线路无法进行查询。

问题原因　“所有单位”未勾选，如图 3–34 所示。

解决方案

第一步　在停电信息编制环节，搜索电站时，勾选“所有单位”，如图 3–34 所示。

第二步　直接“查询”变电站和线路。

友情提示　如勾选后仍无法查询，可进行设备树添加。

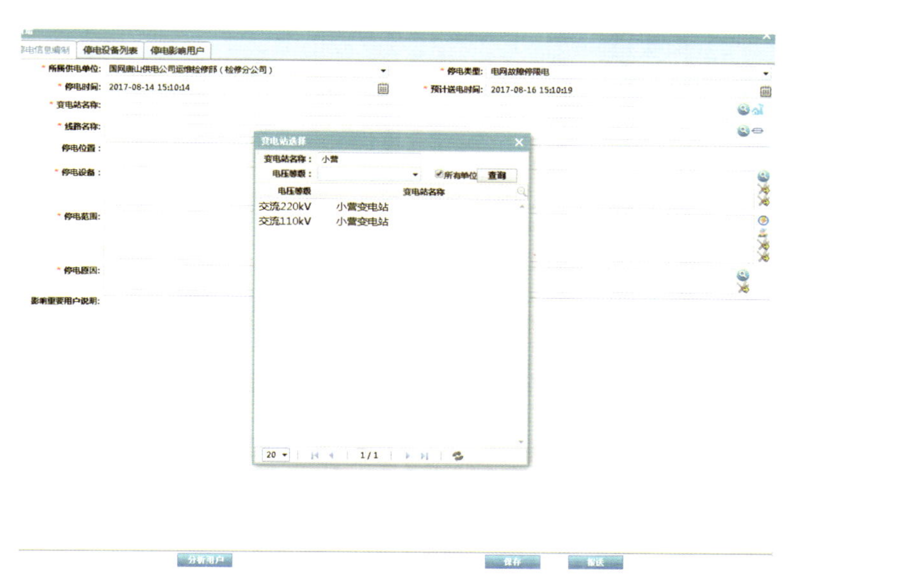

图 3-34　添加变电站—勾选所有单位（功能）

◇ 4. 在进行停电信息编制时，使用“图形拓扑添加”停电设备，提示未分析出影响设备，可能是什么原因造成的？

问题原因　存在双电源供电、站内联络开关未断开、线路上无设备、线路拓扑未连通。

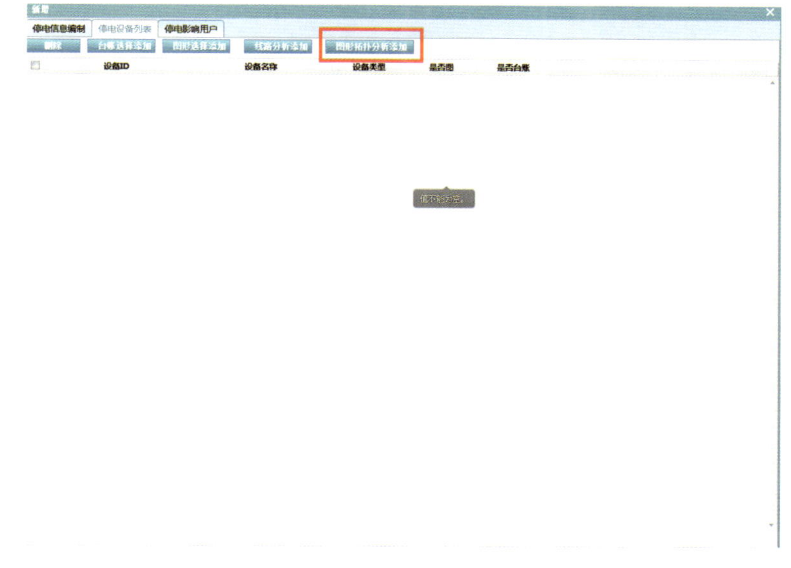

图 3-35　添加停电设备—图形拓扑分析添加（功能）

解决方案　依次排除线路是否存在双电源供电、站内联络开关是否断开、线路上是否存在设备、线路是否拓扑连通，如未存在上述问题，则将相关线路设备信息提交至平台。

◇ 5. 在进行停电信息编制，停电信息报送停电设备时，台账添加变压器数量与实际变压器数量不一致的原因是什么？

问题原因　存在停电变压器为非“在运”情况。查看设备状态是否有限制（变压器设备查询时，默认不限制设备状态；停电信息设备添加变压器时，默认限制为在运的设备）。

第 5 节　设备（资产）运维精益管理系统配电自动化相关问题

◇ 1. 配电自动化时，大馈线分析后，发现分析到变电站房或其他大馈线设备，如何解决？

问题原因 1　联络开关未常开。

解决方案

第一步　通过“开关置数（功能）”，将联络开关设置为常开，如图 3-36 所示。

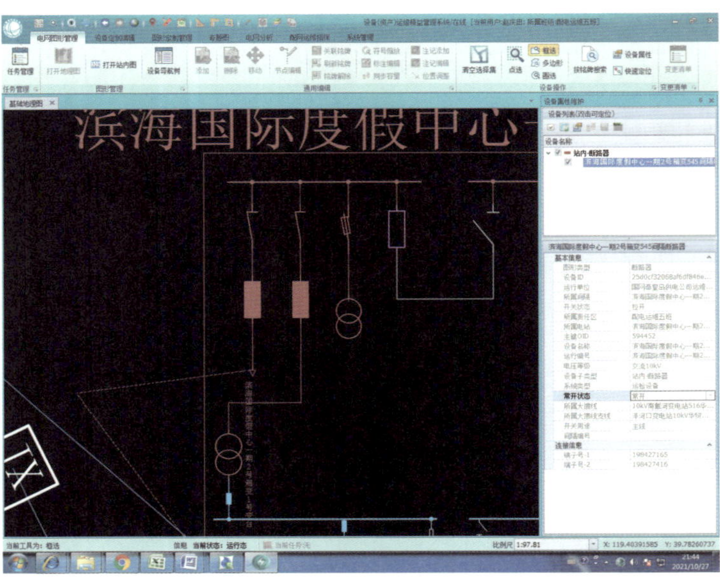

图 3-36　联络开关设置为常开

第二步　核实正确后重新分析，确定分析无问题后再保存。

问题原因 2　线路上存在站外连接线、超连接线、导线段、电缆段连接到其他线路的情况，造成两条及以上大馈线串线。

解决方案

第一步　对图形连接的设备进行逐一检查。

第二步　删除串线设备，重新进行大馈线分析。

◇ 2. 配电自动化时，单线图生成时提示“未查到大馈线起始设备，单线图生成失败”，如何解决？

问题原因　大馈线分析完成后，大馈线的起始变电站出线点或对应的变电站出线设备（超连接线）进行过修改，造成大馈线起始设备信息缺失。

解决方案 1　通过“大馈线修改（功能）”，修改大馈线的起始点设备和出线开关，如图 3–37 所示。

操作步骤

第一步　单击工具栏“大馈线修改（功能）”按钮。

第二步　在右侧弹出“大馈线修改窗口”，修改“大馈线名称（字段）”“起始设备名称（字段）”“出线开关名称（字段）”。

第三步　单击“保存”按钮，完成大馈线的起始点设备和出线开关修改。

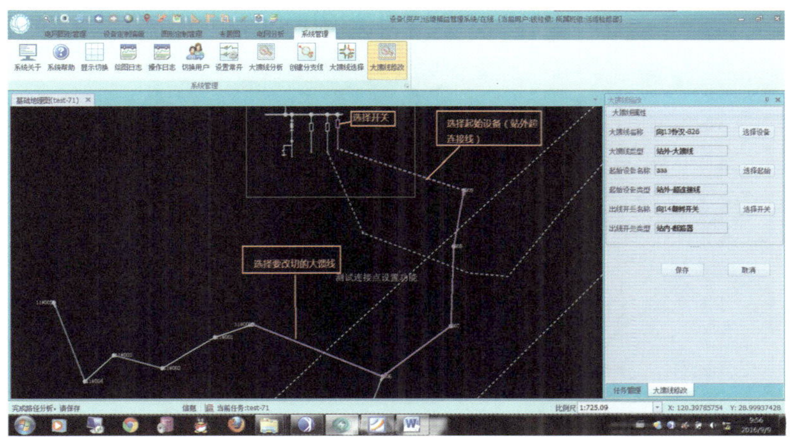

图 3–37　系统管理—大馈线修改（功能）

解决方案 2　通过“大馈线分析（功能）”，对线路重新进行大馈线分析操作，如图 3–38 所示。

操作步骤

第一步　点选变电站站内出线点连接的超连接线，单击工具栏的“大馈线分析”按钮，在右侧弹出“大馈线分析窗口”，如图 3–38 所示。

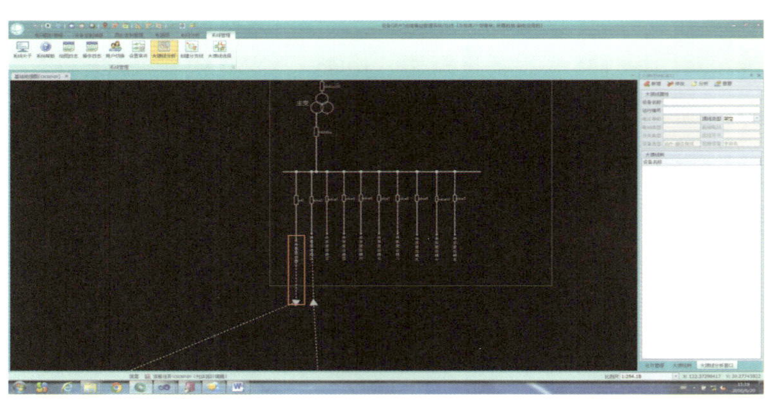

图 3–38　系统管理—大馈线分析（功能）

第二步　点选站内出线开关，系统自动将开关的设备名称、运行编号等信息读取到“大馈线分析”窗口，作为大馈线的属性信息，如图 3–39 所示。单击分析按钮，系统将根据拓扑信息对选择的大馈线范围进行分析，并将分析结果高亮显示。

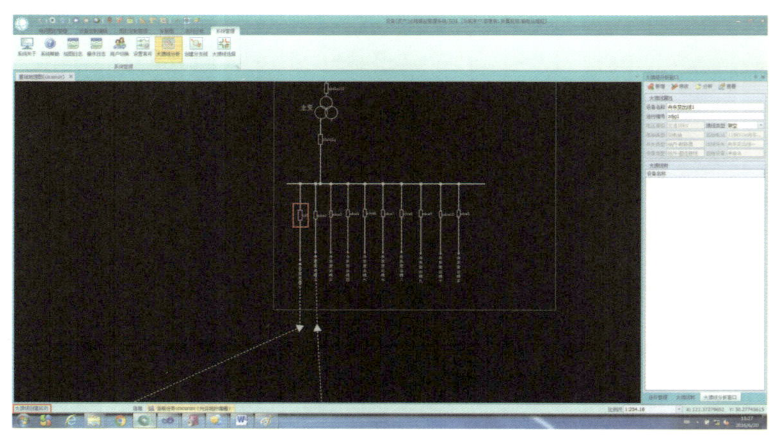

图 3–39　系统管理—大馈线分析（功能）

◇ 3. 配电自动化时，单线图在操作导出 CIMSVG 后提示“设备无资产”“设备无名称”，怎么解决?

问题原因　营销设备与运检设备之间未增加中压用户接入点。

解决方案

第一步　在图形维护任务中，找到系统线路下营销设备（专用变压器等）所在位置，营销设备与运检设备 T 接的位置未添加中压用户接入点，如图 3–40 所示。

第二步　补充中压用户接入点。

第三步　连接营销设备与中压用户接入点，如图 3–41 所示，将图形任务发布。

第四步　发起新设备变更申请图形维护任务，进行“差异布局”，或“重新布局（功能）”，并推图（点击导出 CIMSVG）。

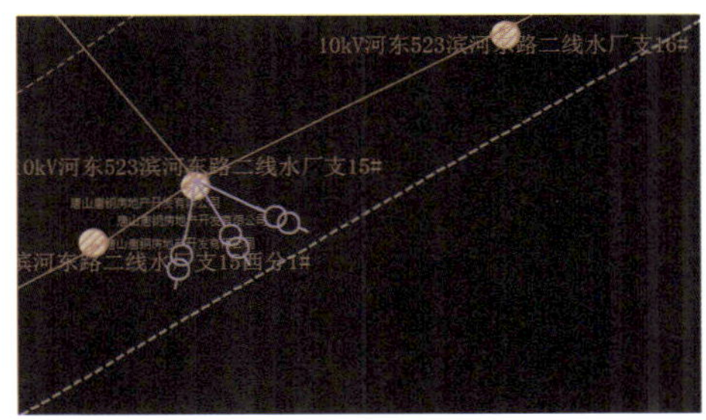

图 3–40　营销设备与运检设备 T 接的位置未添加中压用户接入点

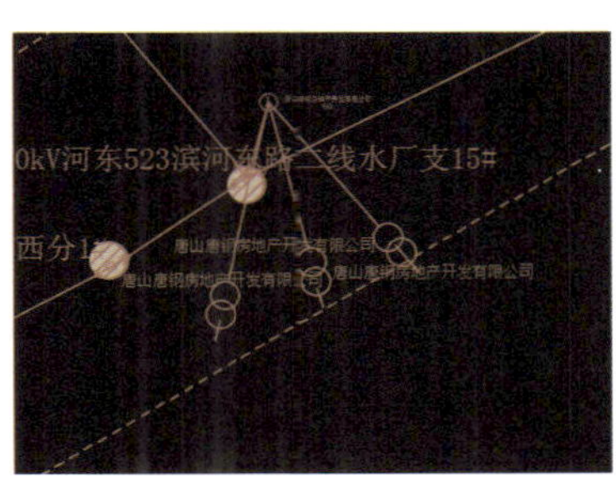

图 3–41　维护营销设备与运检设备之间连接点

◇ 4. 配电自动化时，单线图在操作导出 CIMSVG 后提示 “设备连接点重复”，如何解决？

问题原因　设备在差异布局后，只将单线图与基础地理图存在差异的设备更新，部分设备由于原单线图布局位置原因，造成差异布局后连接线的两个连接点距离非常近，致使系统认为两个连接点重叠。

解决方案 1　通过单线图内“编辑模式（功能）”，将重叠的两连接点一点一点分开，如图 3–42 所示。

解决方案 2　通过单线图内“重新布局（功能）”，重新生成单线图。

◇ 5. 配电自动化时，“重新布局”或“差异布局”后，营销设备全部在单线图内显示，如何解决？

问题原因　单线图推送任务发起模块为“设备变更申请”，该模块单线图生成时会校验无法区分大馈线下的营销设备。当营销设备挂接在对应大馈线时，单线图生成后，自动显示在单线图内。

解决方案　使用“新设备变更申请”模块，进行图形推送操作。

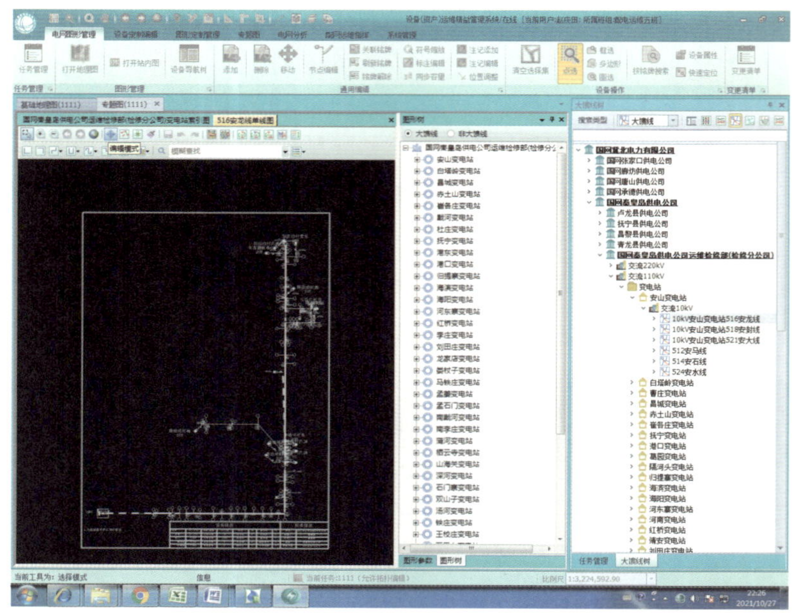

图 3-42　单线图—编辑模式（功能）

第 6 节　设备（资产）运维精益管理系统常见流程

◇ 1. 怎么创建配网铭牌?

操作步骤

第一步　依次打开“运维检修中心—配网运维指挥管理—电系铭牌管理—铭牌申请单编制（功能）”，单击新建，如图 3-43 所示。

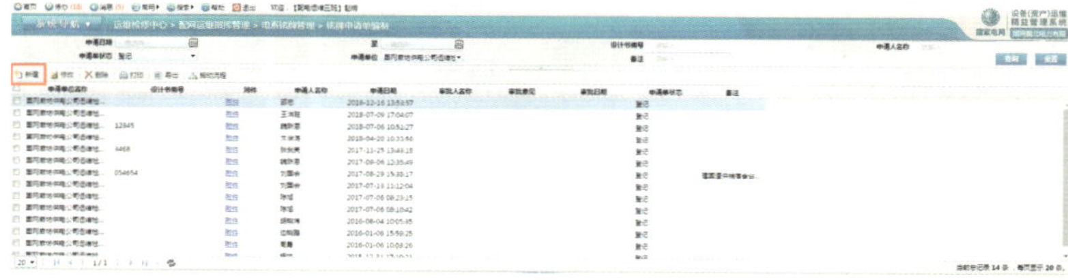

图 3-43　铭牌申请单编制—新建（功能）

第二步 单击新建按钮，弹出“电系铭牌申请单新增”对话框，单击新建。

第三步 单击新建之后，按要求填写申请内容。然后保存申请单，如图 3–45 所示。

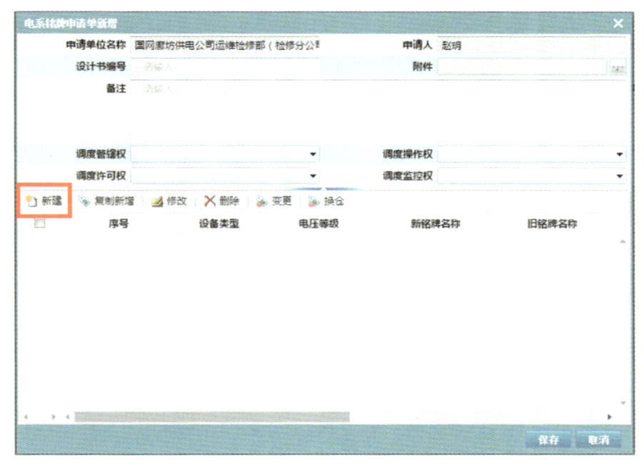

图 3–44 电系铭牌申请单新增—新建（功能）

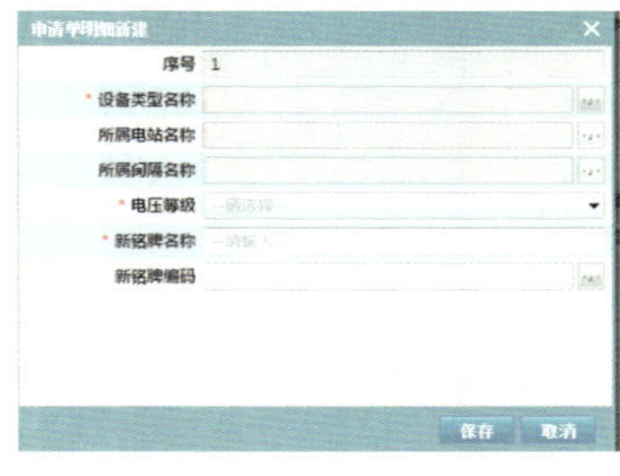

图 3–45 申请单明细新建（功能）

第四步 勾选铭牌申请单，单击启动流程，审核人员填写审核意见发送执行。执行时，要勾选全部铭牌，单击执行按钮，如图 3–46 所示。

图 3–46 选中待申请铭牌—启动流程（功能）

◇ 2. 如何新建设备变更申请？

操作步骤

第一步 依次打开“电网资源中心—电网资源管理—设备台账管理—设备变更申请（功能）”，如图 3–47 所示。

第二步 单击“新建”按钮，发起设备变更申请，根据实际情况填写必填字段（带“*”为必填字段），按实际变更内容，勾选图形变更或台账变更，勾选台账变更可进行台账维护，勾选图形变更可进行图形维护，如图 3–48 所示。

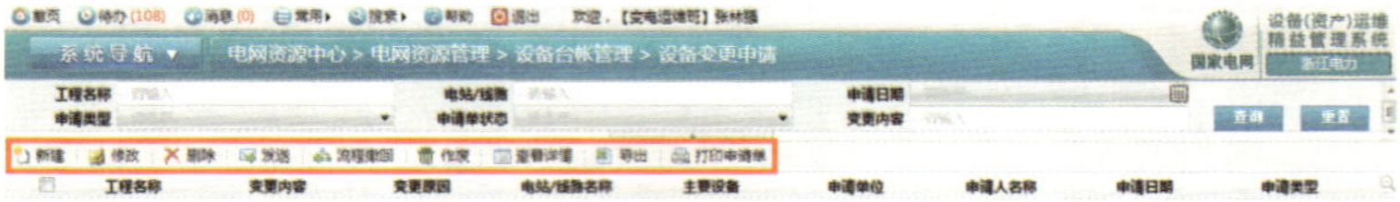

图 3-47　设备台账管理—设备变更申请（功能）

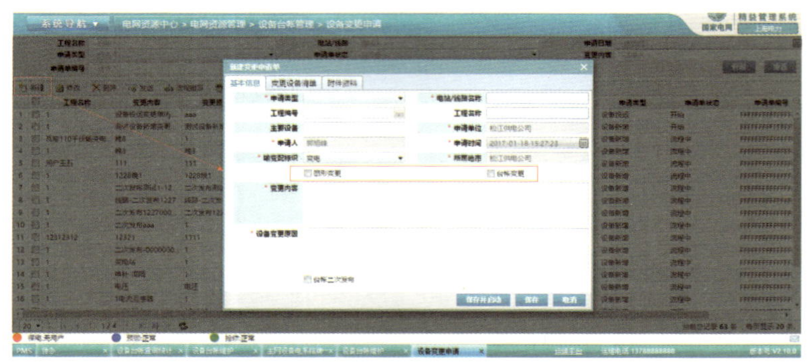

图 3-48　新建变更申请单（功能）

第三步　单击“保存并启动”按钮，保存变更申请单，发送至运检班组负责人审核，如图 3-49 所示。

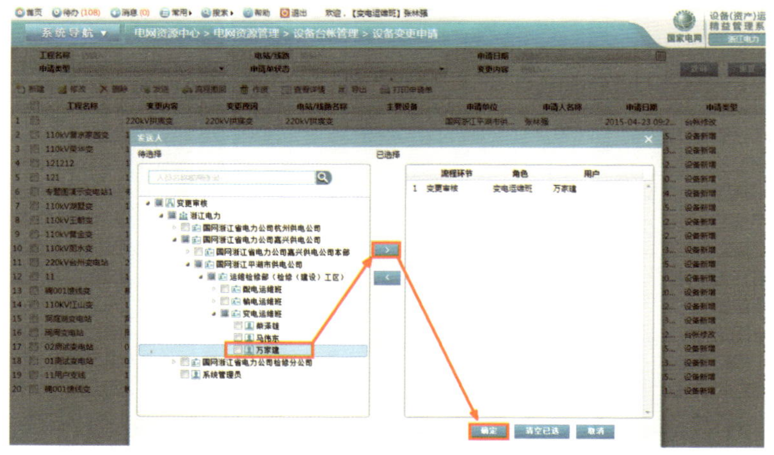

图 3-49　发送至运检班组负责人审核（功能）

◇ 3. 如何进行图形维护？

操作步骤

第一步　在首页“待办”查看，有图形维护任务时，进入任务，单击图形维护跳转图形客户端进行图形维护，如图 3-50 所示。也可以直接进入图形客户端，在任务管理中选择“待办任务”，双击，如图 3–51 所示。

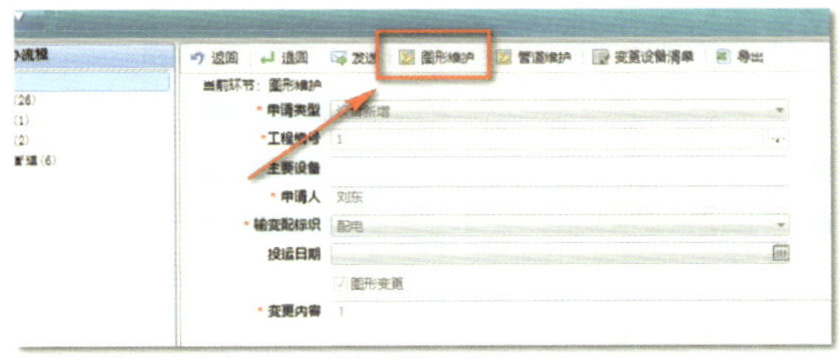

图 3–50 进入图形维护任务—图形维护（功能）

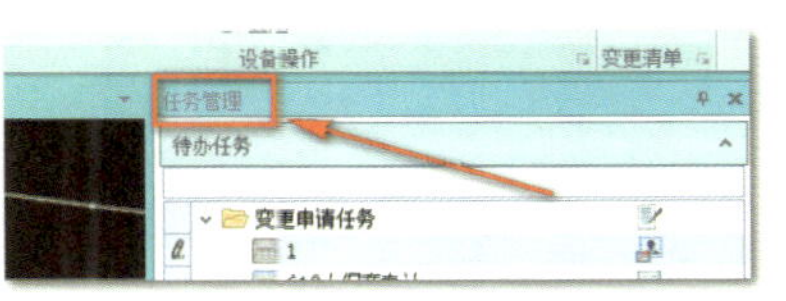

图 3–51 图形客户端—任务管理（功能）

第二步 进入任务进行维护，依据工程信息开展图形的变更维护。设备分为有铭牌的设备和没有铭牌的设备。有铭牌的设备图形和台账可以同时进行维护，没有先后顺序。没有铭牌的设备，要先维护图形后，再进行台账的参数维护。

第三步 图形绘制完成后，发送至下一环节审核，如图 3–52 所示。

图 3–52 发送审核（功能）

◇ 4. 如何进行台账维护？

操作步骤

第一步 进入左侧“待办任务”结构树，选择设备变更申请下的台账维护项。在页面右侧选择需要处理的台账维护任务，进入台账维护页面，如图 3–53 所示。

图 3–53 待办任务—台账维护任务（功能）

第二步　在打开页面中，单击台账维护，如图 3-54 所示。

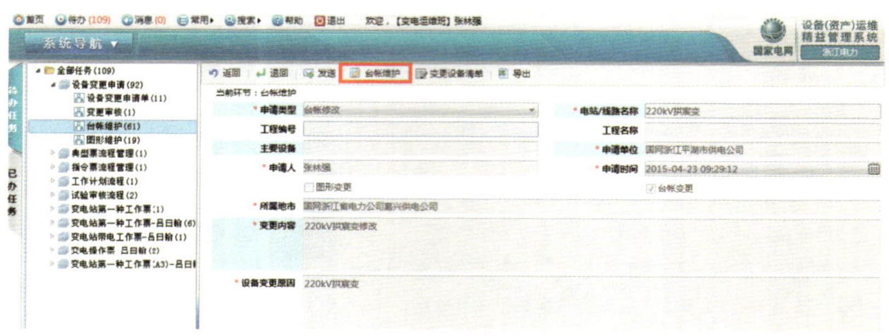

图 3-54　台账维护（功能）

第三步　在页面左侧导航树中，在站内一次设备中定位至所需维护的设备。右侧页面中上方提供修改、保存、撤销、资产移交清册、指定专业班组、批量修改、退役、迁出、图形定位、打印等基础功能。选择站内设备，单击修改，可对页面中的设备基本信息、间隔列表、图形、设备资料等内容进行修改，如图 3-55 所示。

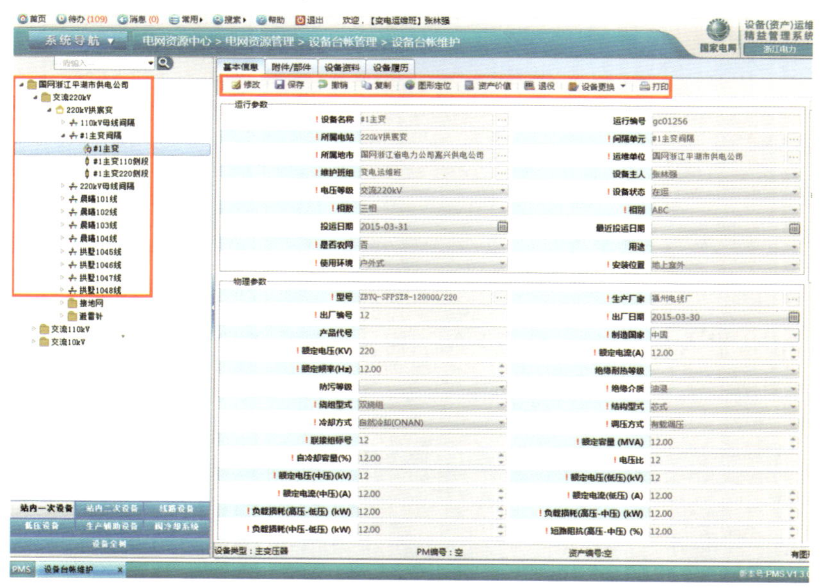

图 3-55　站内设备台账维护（功能）

第四步　方法同上，在左侧导航树中对线路设备页签中定位所需维护的设备，可以通过单击“修改”按钮对其基本信息进行修改，如图 3-56 所示。

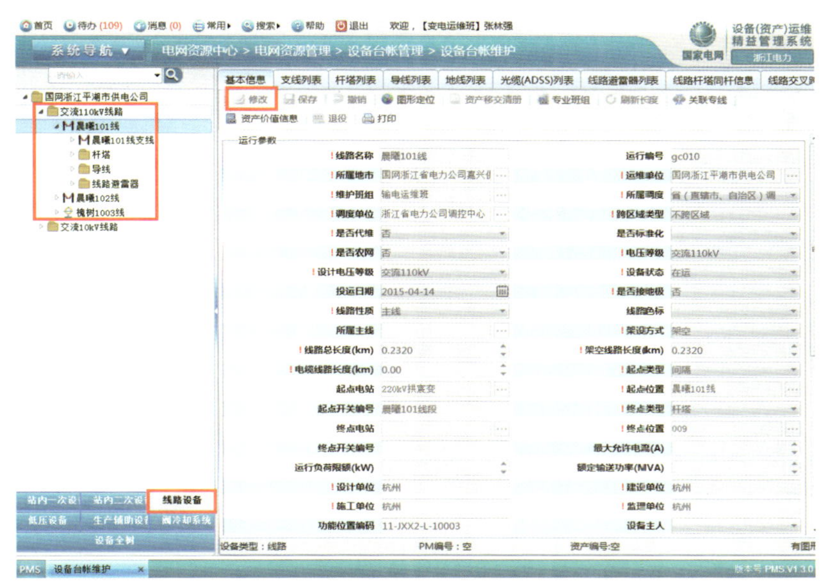

图 3–56　线路设备台账维护（功能）

第五步　在站内一次设备标签页中，选中需要维护的设备，单击“专业班组”按钮，如图 3–57 所示。

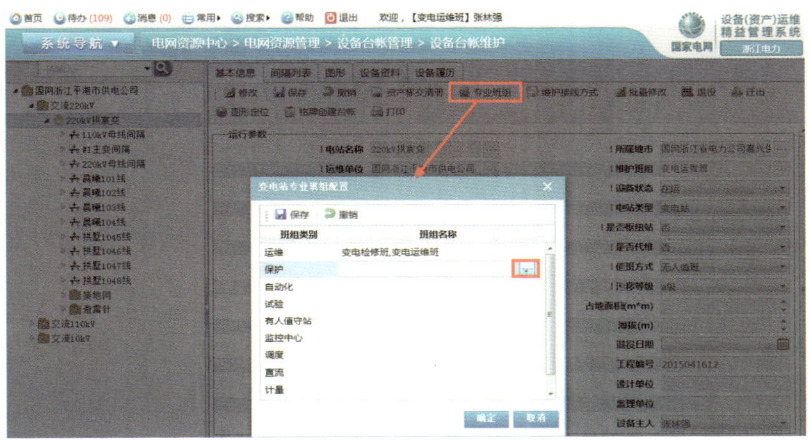

图 3–57　专业班组维护（功能）

第六步　在弹出框内，单击“…”按钮选择每个班组类别对应的班组名称。

第七步　指定班组完成后，单击“确定”按钮，如图 3–58 所示。

第八步　单击“维护接线方式”按钮，可维护接线方式，如图 3–59 所示。

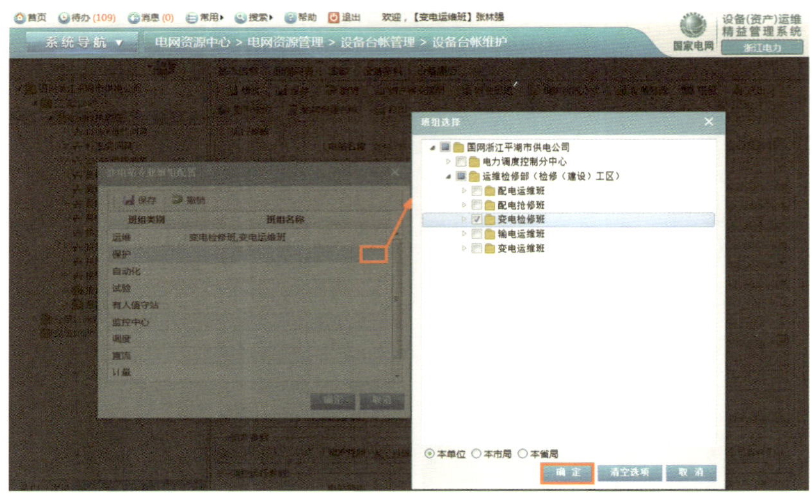

图 3-58　选择专业班组（功能）

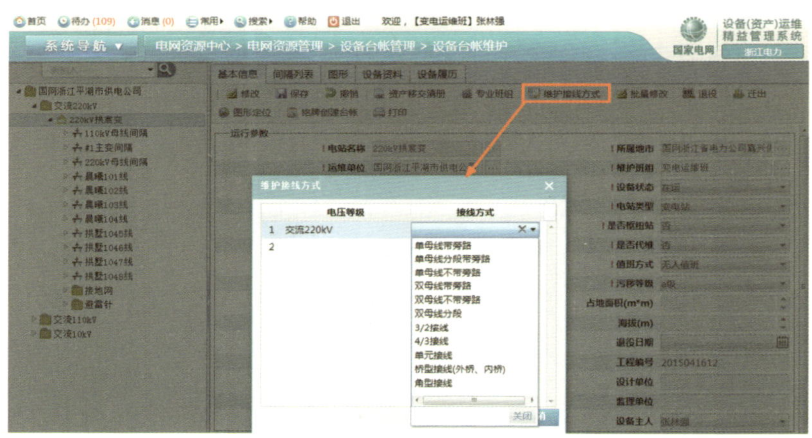

图 3-59　接线方式维护（功能）

第九步　单击“批量修改”按钮，在页面中的左上方，批量修改操作分为：“按设备类型”“按间隔单元”“全站”三种维度，如图 3-60 所示。

第十步　以“按间隔单元”为例。勾选某一间隔中的多种设备，在页面右侧的“维护班组”“资产性质”“资产单位”“设备主人”“投运日期”五项中，勾选需要修改的字段，在勾选的字段中选择相应的信息，如图 3-61 所示。

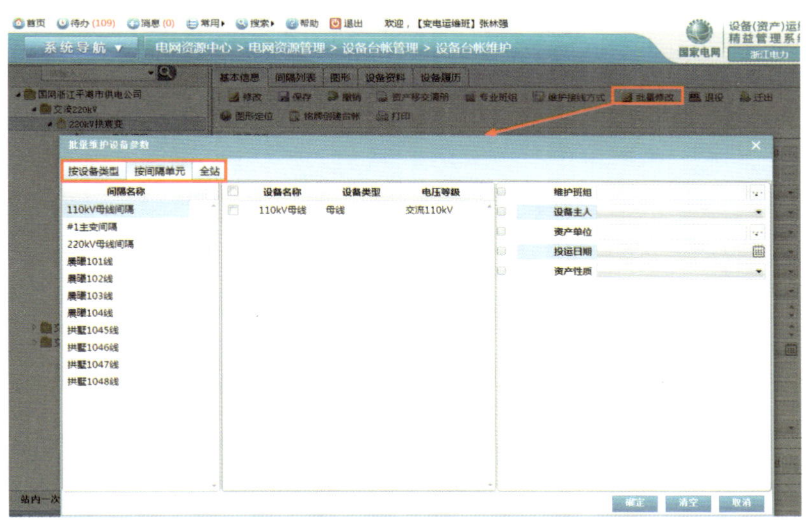

图 3-60　台账维护—批量修改（功能）

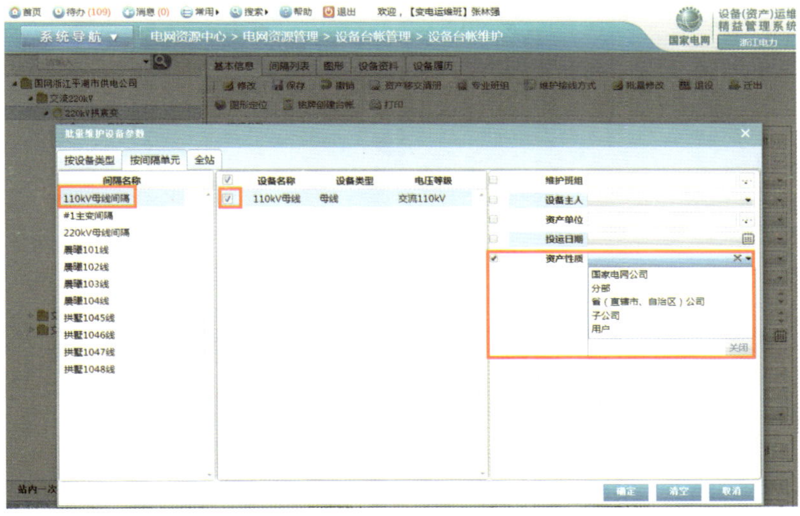

图 3-61　按间隔单元批量维护（功能）

第十一步　单击“图形定位”按钮，如图 3-62 所示。

第十二步　在弹出的电网地理图中查看变电站、设备的地理图，如图 3-63 所示。

第十三步　单击“铭牌创建台账”按钮，弹出提示框，“是否根据电系铭牌自动按照间隔、设备的结构生成台账！”，点击“确定”即完成台账生成操作，如图 3-64 所示。

图 3-62　图形定位（功能）

图 3-63　地理图查看（功能）

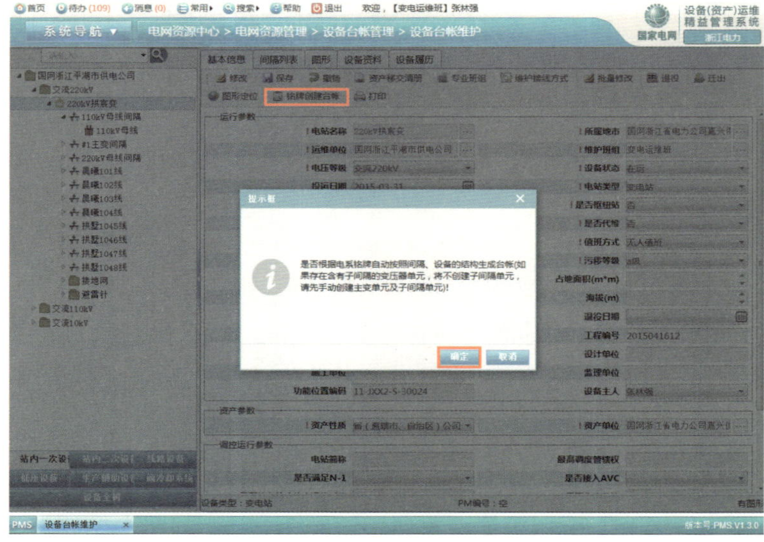

图 3-64　铭牌创建台账（功能）

第十四步　同理，在“间隔列表”页签中同样进行类似的操作，如图 3–65 所示。

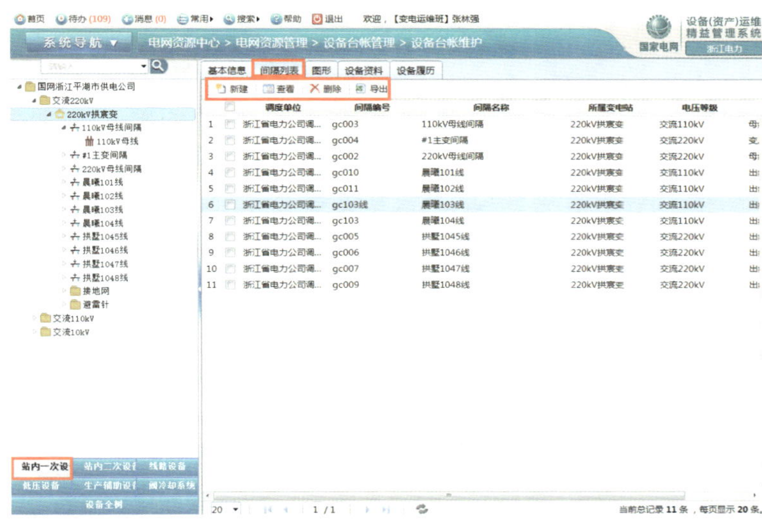

图 3–65　间隔列表（功能）

第十五步　同理，维护生产辅助设备信息，如图 3–66 所示。

图 3–66　维护生产辅助设备信息（功能）

第十六步　选中变电站、中压线路、公用变压器（配电变压器、柱上变压器）设备，单击“退役”按钮时，会调用营销业务应用系统的接口验证是否可以退役该设备，如果无法退役，会提示：“营销侧设备下存在关联用户”。

友情提示　只对配网中变电站、中压线路、公用变压器（配电变压器、柱上变压器）设备进行退役，如图 3–67 所示。

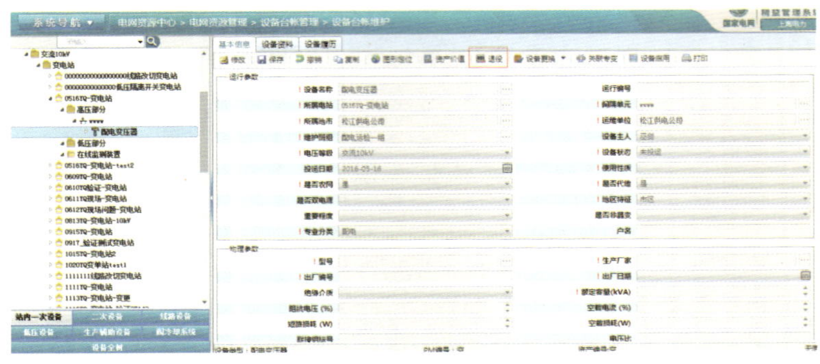

图 3–67　台账维护—退役（功能）

接口验证通过后允许设备退役页面如下，更改当前状态未退役，如图 3–68 所示。

图 3–68　允许退役界面（功能）

◇ 5. 如何进行台账查询 / 统计?

操作步骤

第一步　依次打开“电网资源中心—电网资源管理—设备台帐管理—设备台账查询统计（功能）”，按照功能菜单进入设备台账查询统计页面，如图 3–69 所示。

第二步　单击统计选项卡，查询条件区查询设备类型选择某一设备类型，可以分别按照电压等级统计、按资产性质统计、按所属地市统计等，也可选择自定义统计，查看设备统计数据列表，如图 3–70 所示。

第三步　点击查询选项卡，输入查询条件，根据筛选结果展示查询结果。分别可按照站内一次设备、站内二次设备、线路设备、低压设备、设备全树等进行查询，如图 3–71 所示。

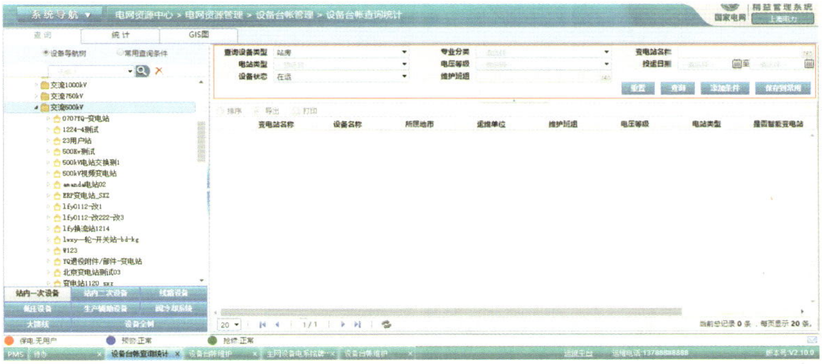

图 3-69　设备台账查询统计（功能）

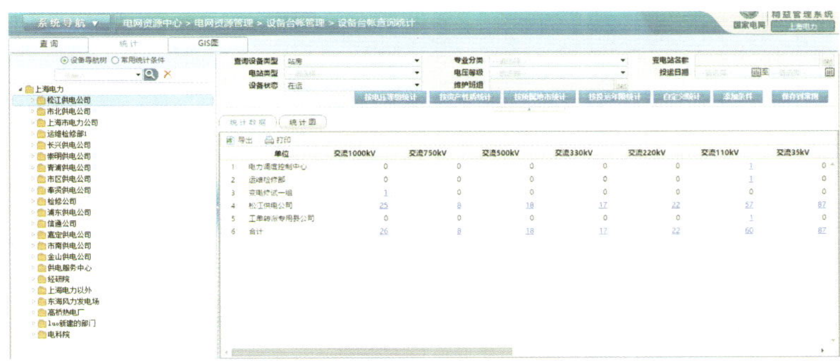

图 3-70　设备台账查询统计—统计（功能）

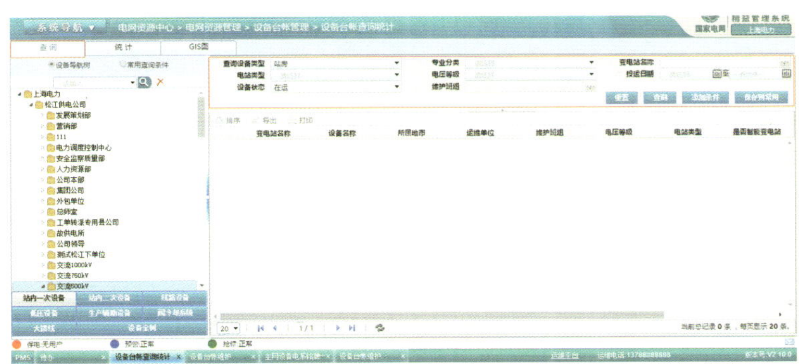

图 3-71　设备台账查询统计—查询（功能）

◇ 6. 怎么查看单线图?

操作步骤

第一步　单线图是以单条配网线路（馈线 / 大馈线）为单位的，从变电站出线开始到“馈线 / 大馈线”的末端结束，采用一定布局算法自动生成单条“馈线 /

大馈线”的专题图形。

第二步　在图形客户端中，打开大馈线图形树，双击变电站下的“馈线 / 大馈线”名称，右键选择打开单线图，如图 3–72 所示。

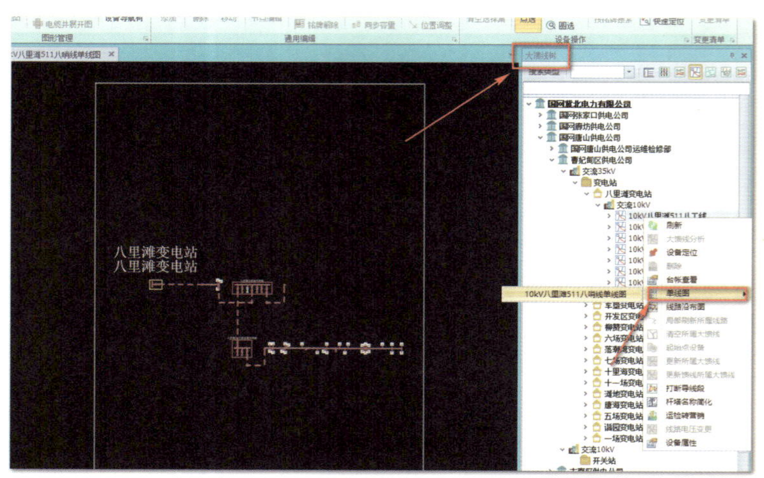

图 3–72　大馈线树—右键—单线图（功能）

◇ 7. 如何进行停电信息报送?

操作步骤

第一步　选择“系统导航—配网抢修管控—抢修过程管理（新）”功能，单击“抢修过程管理（新）”进入，会自动弹出停电信息页面，如果没有弹出，则在图 3–73 中标红位置打开地理图。

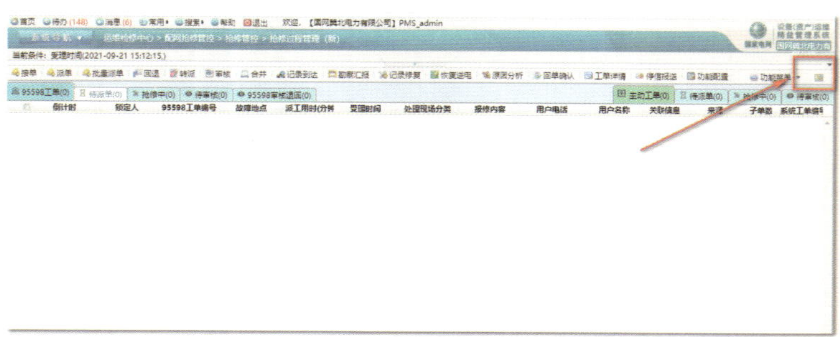

图 3–73　打开停电信息页面

第二步　单击“停电信息报送”进入停电信息报送填报页面。单击新增，可进行停电信息编制，如图 3–74 所示。

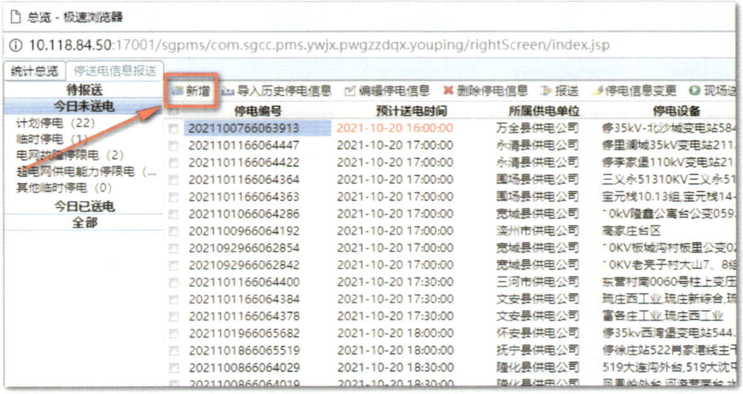

总览 - 极速浏览器

10.118.84.50:17001/sgpms/com.sgcc.pms.ywjx.pwgzzdqx.youping/rightScreen/index.jsp

统计总览　停送电信息报送

新增　导入历史停电信息　编辑停电信息　删除停电信息　报送　停电信息变更　现场

待报送
今日未送电
计划停电（22）
临时停电（1）
电网故障停限电（2）
超电网供电能力停限电（...
其他临时停电（0）
今日已送电
全部

停电编号	预计送电时间	所属供电单位	停电设备
2021100766063913	2021-10-20 16:00:00	万全县供电公司	停35kV-北沙城变电站584
2021101166064447	2021-10-20 17:00:00	永清县供电公司	停里澜城35kV变电站211
2021101166064422	2021-10-20 17:00:00	永清县供电公司	停李家堡110kV变电站21
2021101166064364	2021-10-20 17:00:00	围场县供电公司	三义永51310KV三义永51
2021101166064363	2021-10-20 17:00:00	围场县供电公司	宝元栈10.13组,宝元栈14
2021101066064286	2021-10-20 17:00:00	宽城县供电公司	ˉ0kV隆鑫公寓台公变059
2021100966064192	2021-10-20 17:00:00	滦州市供电公司	高家庄台区
2021092966062854	2021-10-20 17:00:00	宽城县供电公司	ˉ0KV板城沟村板里公变0
2021092966062842	2021-10-20 17:00:00	宽城县供电公司	ˉ0KV老亮子村大山7、8
2021101166064400	2021-10-20 17:30:00	三河市供电公司	东营村南0060号柱上变压
2021101166064384	2021-10-20 17:30:00	文安县供电公司	琉庄西工业,琉庄新综合,琉
2021101166064378	2021-10-20 17:30:00	文安县供电公司	富各庄工业,琉庄西工业
2021101966065682	2021-10-20 18:00:00	怀安县供电公司	停35kv西湾堡变电站544
2021101866065519	2021-10-20 18:00:00	抚宁县供电公司	停徐庄站522肖家港线主干
2021100866064029	2021-10-20 18:30:00	隆化县供电公司	519大连沟外台,519大沈

图 3-74　停电信息报送—新增（功能）

第三步　填写停电信息，带 * 号为必填项，如图 3-75 所示。

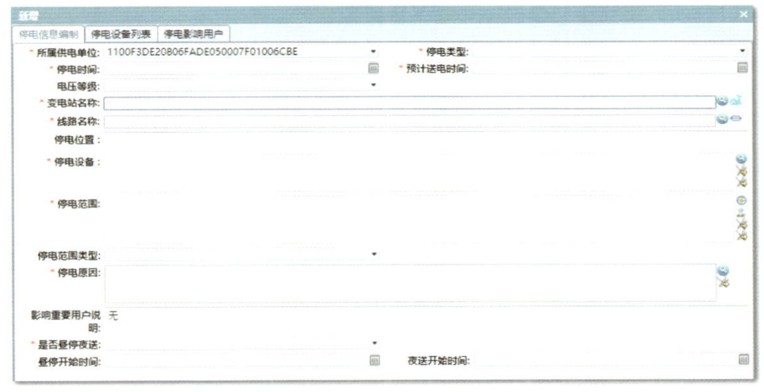

图 3-75　填写停电信息工单（功能）

第四步　填写完成后，选择停电信息编制栏，单击“保存”，再选择“分析用户”，如图 3-76 所示。

第五步　“分析用户”之后，对分析出的用户进行处理，可以选中“删除”或者“新增”，如图 3-77 所示。

第六步　生成停电范围后，单击“保存”，如图 3-78 所示。

第七步　停电信息填写完毕后，检查填写内容是否准确无误，然后单击“报送”，如图 3-79 所示。

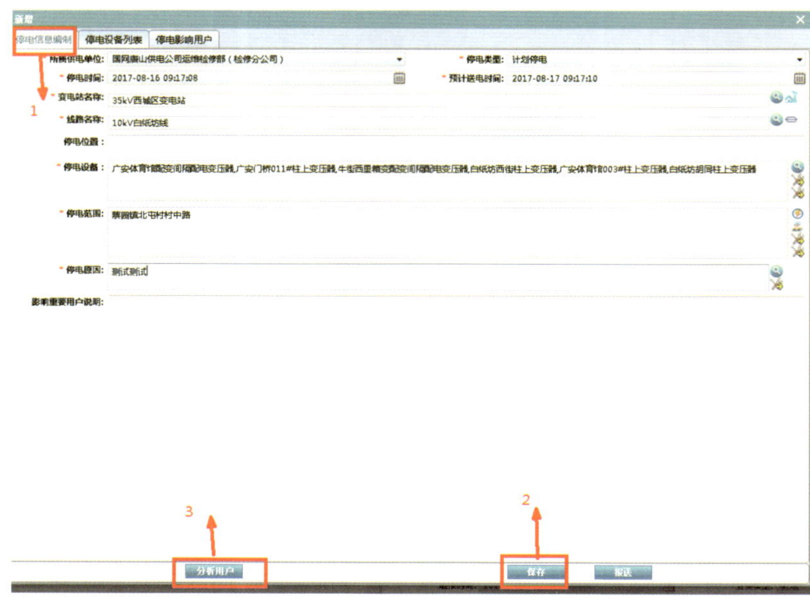

图 3-76　分析用户（功能）

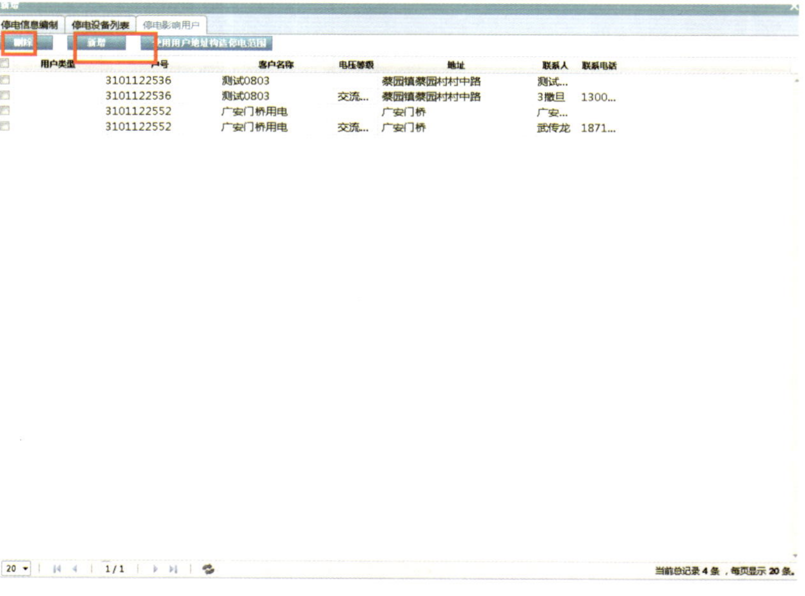

图 3-77　停电影响用户编辑（功能）

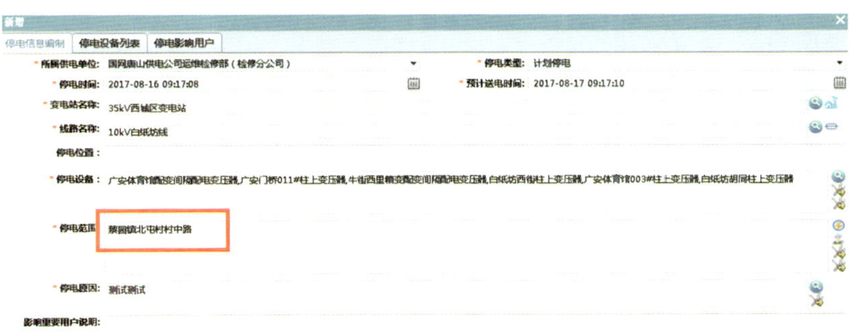

图 3-78　生成停电范围—保存（功能）

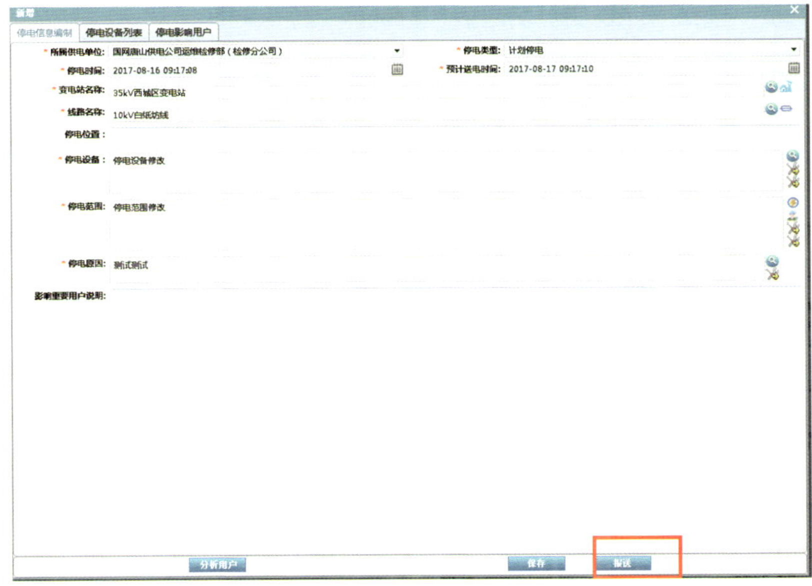

图 3-79　停电信息报送

◇ 8. 怎么进行停电信息变更？

操作步骤

第一步 选中已经报送的记录，单击“停电信息变更”，选中需要变更的类型，如图 3-80 所示。

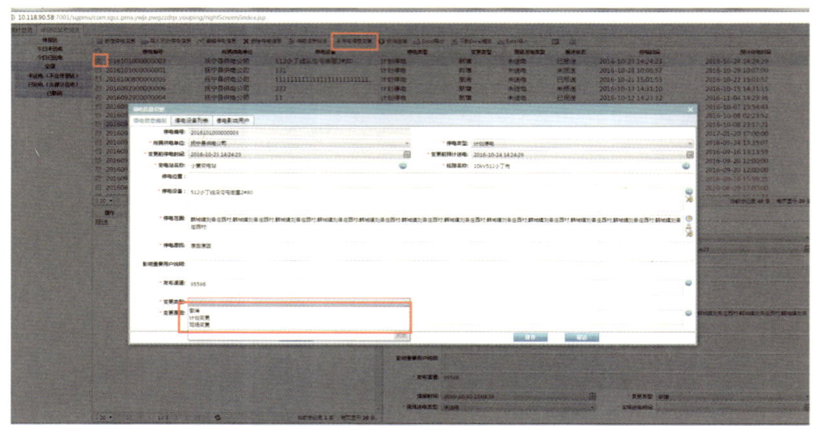

图 3-80 停电信息变更（功能）

第二步 选择“计划变更”之后，再选择“停电时间”、“送电时间”、“变更原因”，单击“发送”。如需撤销，选择“撤销”，补充完整信息，如图 3-81 所示。

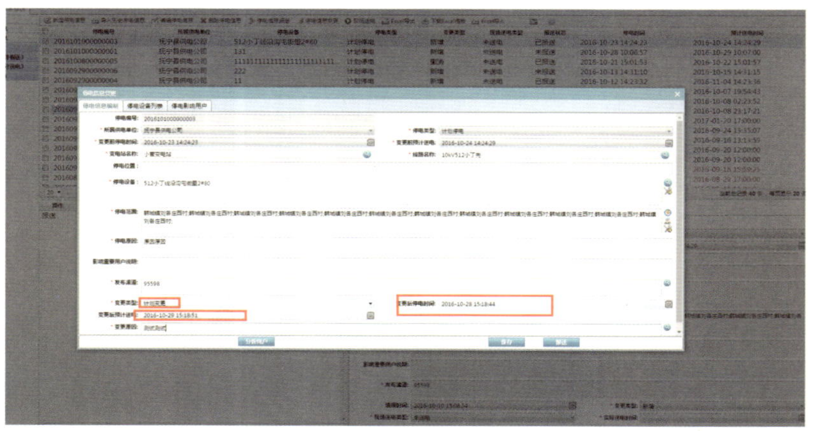

图 3-81 计划变更（功能）

第三步 报送成功后，系统会提示“报送成功”，如图 3-82 所示。

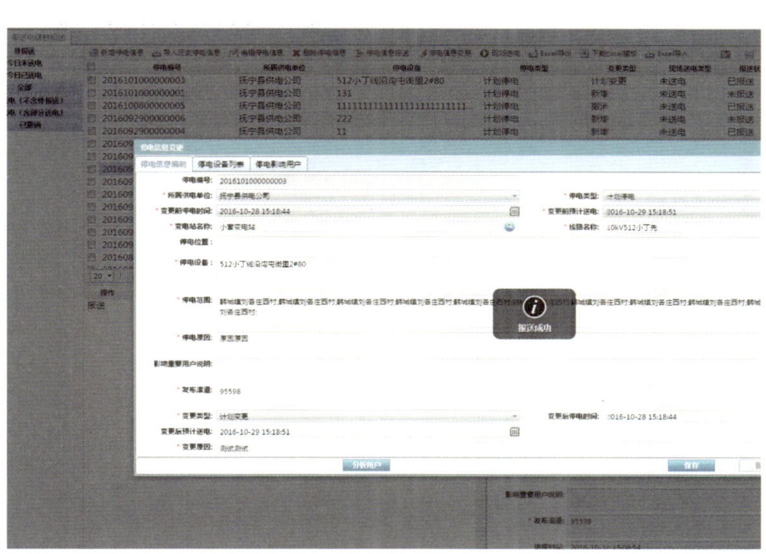

图 3-82　报送成功

◇ 9. 怎么录入巡视记录?

操作步骤

第一步　进行“巡视周期维护（新）”，新建巡视周期，如图 3-83 所示。

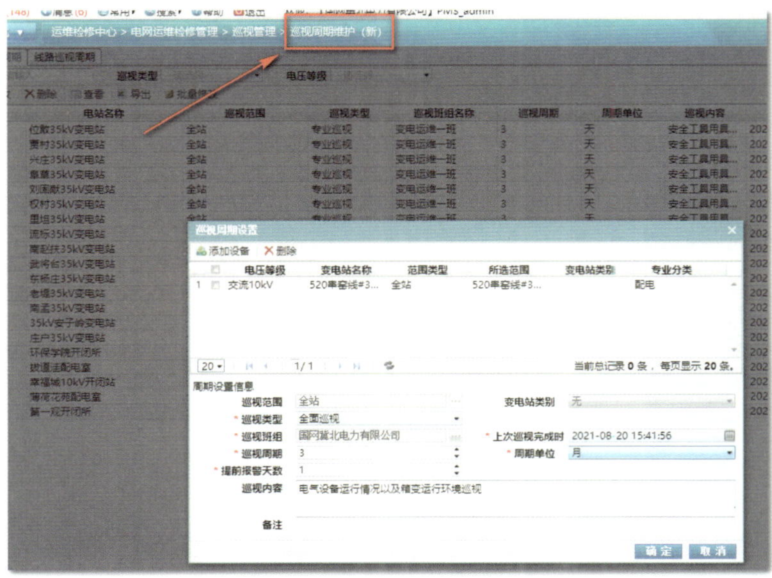

图 3-83　新建巡视周期（功能）

第二步　根据巡视周期编制巡视计划，填写巡视内容，如图 3-84 所示。

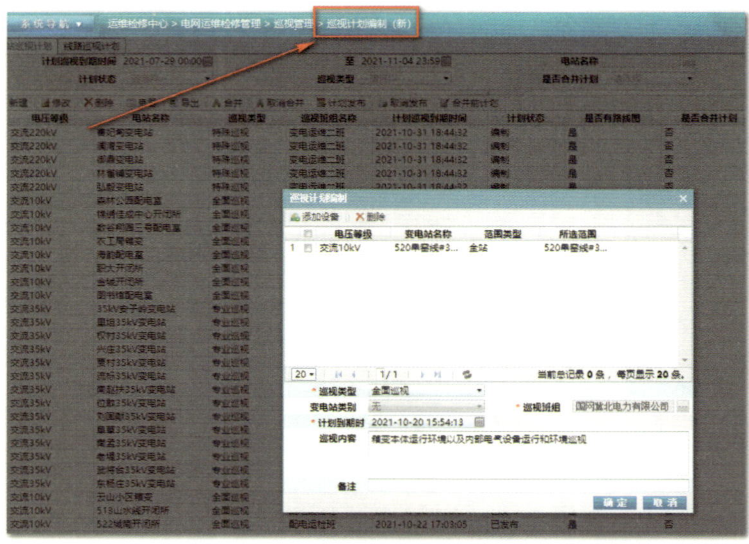

图 3-84　编制巡视计划（新）（功能）

第三步　根据发布的巡视计划以及现场巡视情况进行巡视记录登记，如图 3-85 所示。

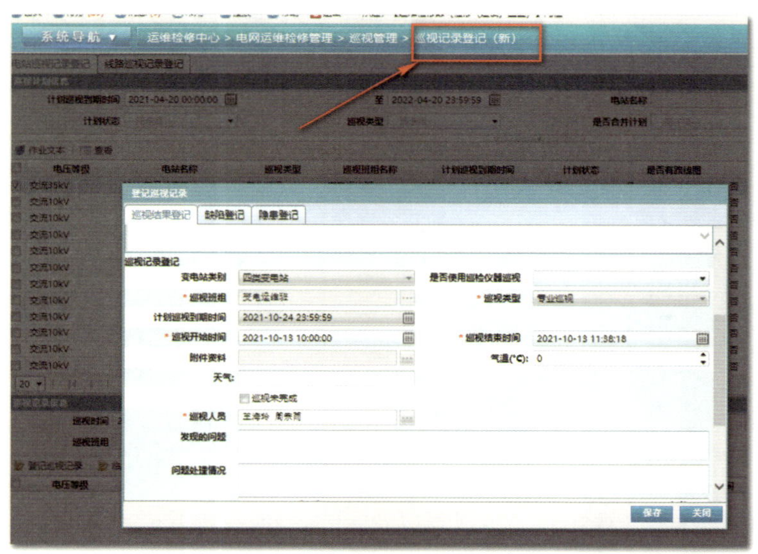

图 3-85　巡视记录登记（新）（功能）

保存后可登记巡视过程中发现的缺陷或隐患。

◇ 10. 怎么查看停电信息？

操作步骤

第一步　选择“系统导航—配网抢修管控—抢修过程管理（新）功能”，单击“抢修过程管理（新）”进入，自动弹出停电信息页面，如果没有弹出此页面，则在图 3-36 中标红位置打开地理图，如图 3-86 所示。

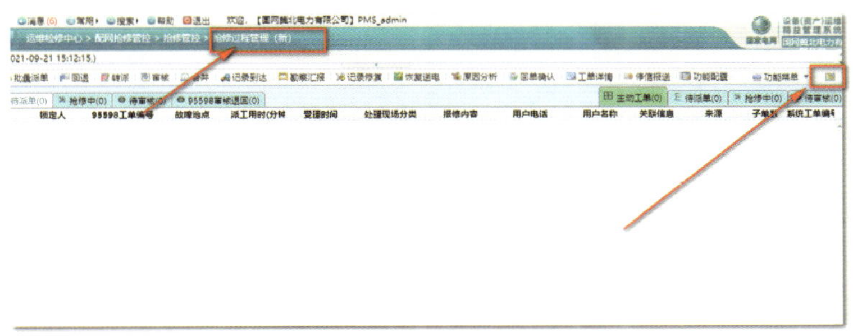

图 3-86　打开停电信息页面

第二步　选择停电信息报送，再选择需要查看的停电信息，可在右下角查看停电详细信息、停电设备列表、停电影响用户，如图 3-87 所示。

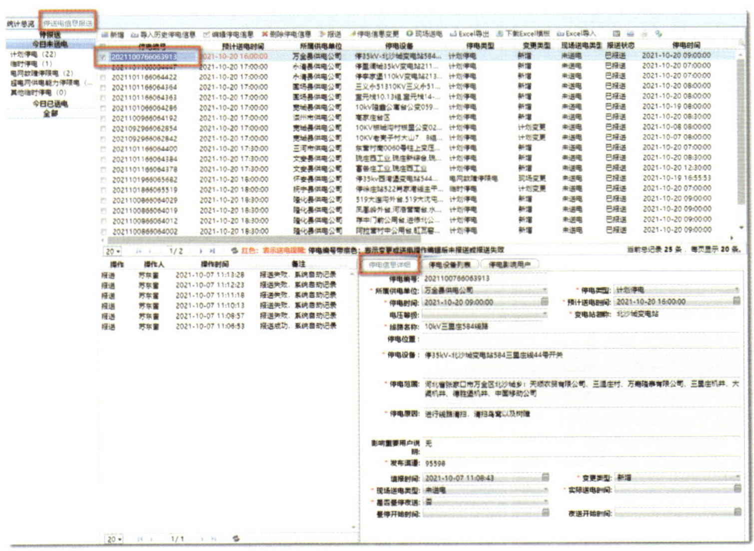

图 3-87　停电信息报送工单明细

◇ 11. 怎么进行标准数据查看？

操作步骤

选择“系统导航—标准数据管理—标准数据查看（功能）”，点击“标准数据查看”，即可查看相关的标准，包括电网资源、运维检修、综合业务和在线监测装置等标准字段查看功能，如图 3–88 所示。

图 3–88　标准数据查看（功能）

◇ 12. 怎么进行供电方案处理？

供电方案处理流程用于中压用户新装、增容等营配环节，需要运检专业在地理图中添加中压用户接入点，用于区分公用产权与用户产权分界点。该流程需要营配专业互动，根据营销专业提供的工单编号，运检测在供电方案处理模块中检索出对应的工单，如图 3–89 所示，单击选择“供电方案处理”任务处理。

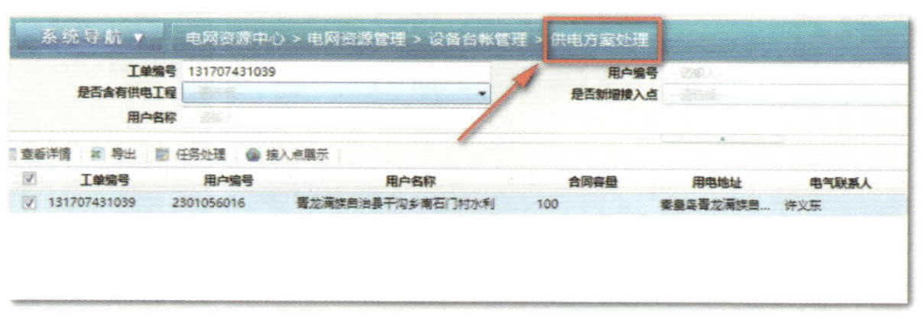

图 3–89　供电方案处理（功能）

此后，如需要运检专业在系统中新增中压用户接入点，则点击图 3–90 中的“是”，系统自动生成对应工单任务，审核并发布后可在电网 GIS 系统中录入对应图形；如果不需要录入中压用户接入点，则单击“否”，后续流程由营销专业人员在营销业务应用系统中录入变压器等，如图 3-90 所示。

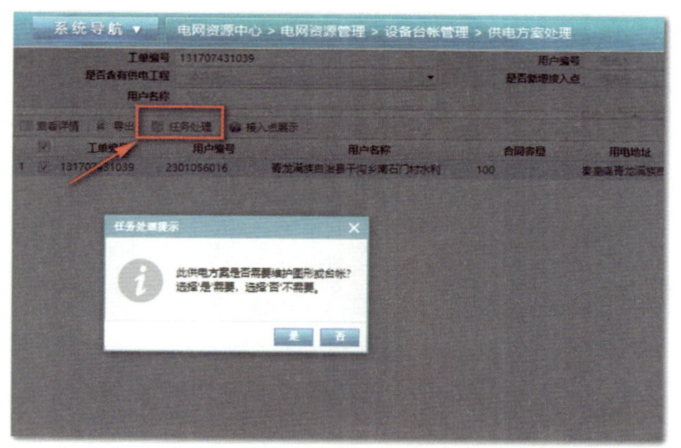

图 3-90　供电方案处理—任务处理（功能）

◇ 13. 怎么进行缺陷登记？

操作步骤

第一步　依次打开“系统导航—运维检修中心—电网运维检修管理—缺陷管理—缺陷登记”功能，在缺陷登记页面中，左侧是设备导航树，右侧提供缺陷查询、新建、修改、删除、查看、启动流程、查看流程图、导出功能，如图 3-91 所示。

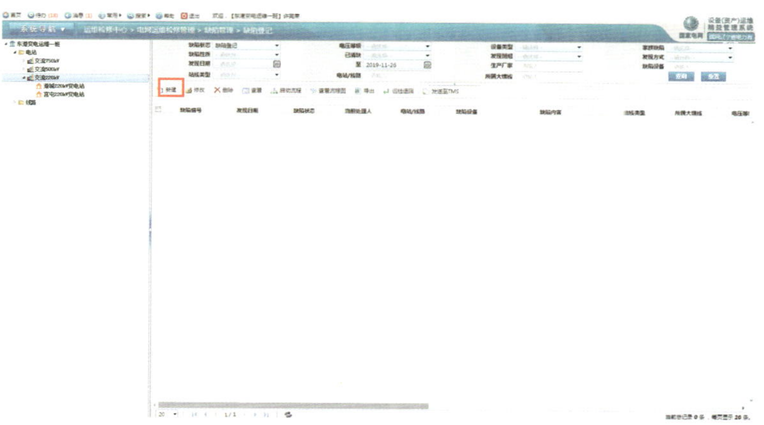

图 3-91　缺陷登记—新建

第二步　单击左侧“新建”按钮，在弹出的新建缺陷登记对话框中填入缺陷信息，如图 3-92 所示。

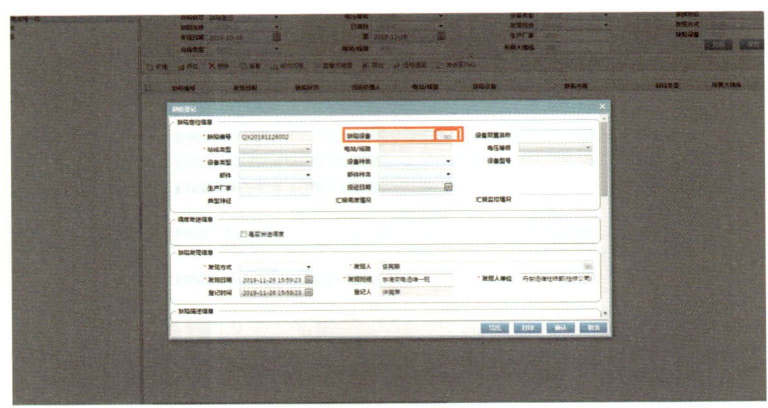

图 3-92　编辑缺陷信息

第三步　单击缺陷设备后方按钮，弹出如图 3-93 所示对话框，通过左侧导航树找到缺陷设备类型，单击“查询”按钮选择存在缺陷的设备，最后单击“确定”按钮，如图 3-93 所示。

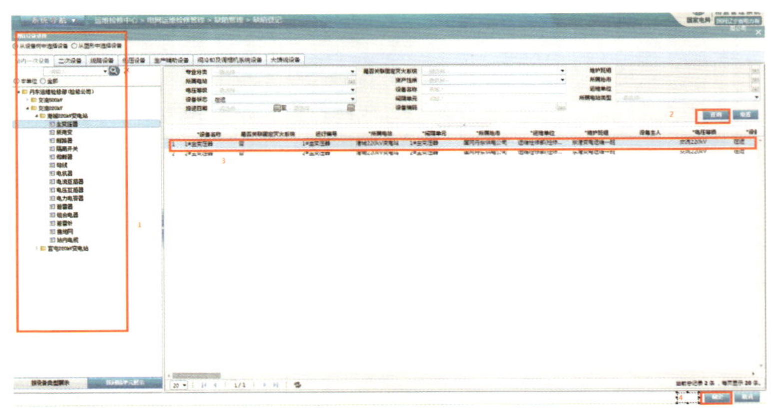

图 3-93　导航树查看缺陷设备

第四步　确定之后会重新返回缺陷登记页面，并将选中设备信息带入缺陷信息中，如图 3-94 所示。

第五步　根据现场缺陷的实际情况，将带有“*”的必填字段填写完整，如图 3-95 所示。

第六步　其中缺陷内容可通过图 3-95 中圆圈标注的生产按钮来自行生成，也可手动输入。填写完所有信息之后单击确定按钮，返回缺陷登记主页面，如图 3-96 所示，勾选已新建的缺陷任务，单击启动流程按钮，如图 3-96 所示。

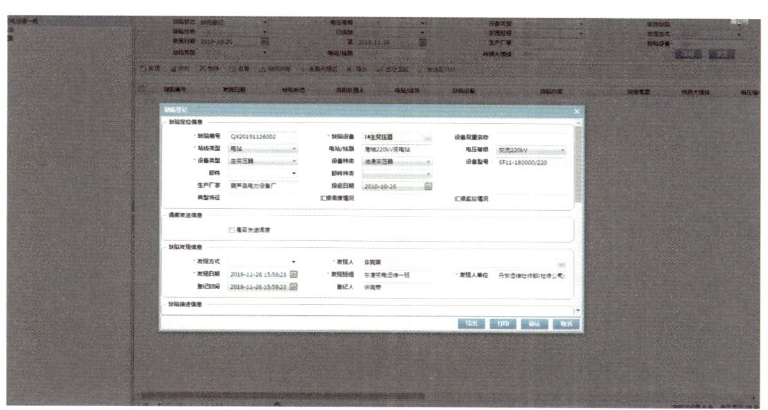

图 3-94　确定缺陷信息

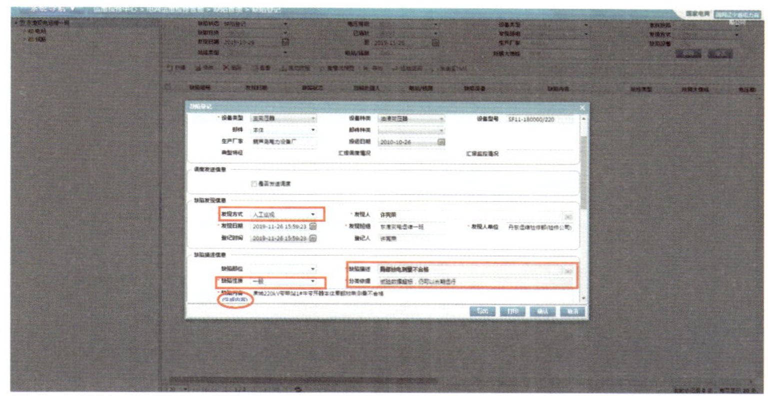

图 3-95　必填字段填写完整

图 3-96　启动流程

◇ 14. 怎么将单线图推送至配电自动化?

配电自动化系统图形取自 PMS 系统，在 PMS 系统中图形发生异动时，需要“通知”配电自动化系统，通知的过程即单线图推送至配电自动化的过程。

操作步骤

第一步　发起新设备变更申请流程，进行图数变更。

第二步　在 PMS 系统图形客户端打开单线图。

第三步　选择差异化布局或者重新布局，系统自动根据地理接线图更新单线图，需要将更新后的单线图进行美化，完成后保存。

第四步　导出 CIMSVG 文件，提交图形任务并推送至配电自动化系统。

第五步　待配电自动化系统反馈审核意见后结束全部流程，如图 3–97 所示。

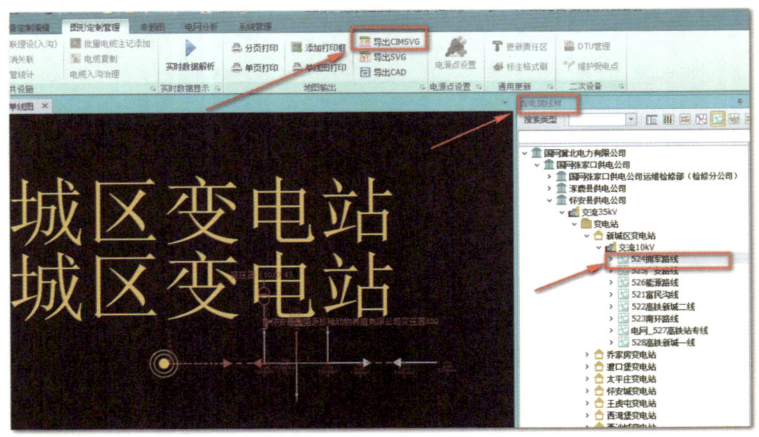

图 3–97　设备定制管理—导出 CIMSVG

◇ 15. 怎么进行大馈线分析?

操作步骤

第一步　点选变电站站内出线点连接的超连接线，单击工具栏的“大馈线分析”按钮，在右侧弹出“大馈线分析窗口”，如图 3–98 所示。

第二步　如需新增一条大馈线，点选站内出线开关，系统自动将开关的设备名称、运行编号等信息，读取到大馈线分析窗口，作为大馈线的属性信息。点击新增，生成一条新的大馈线，如图 3–99 所示。

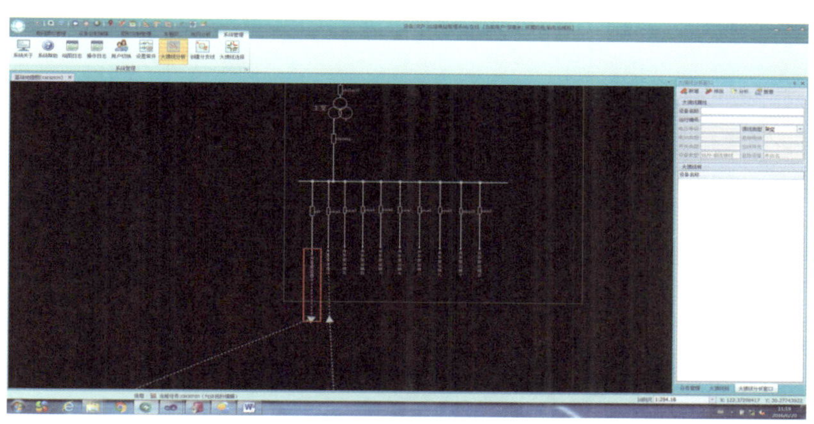

图 3-98　系统管理—大馈线分析（功能）

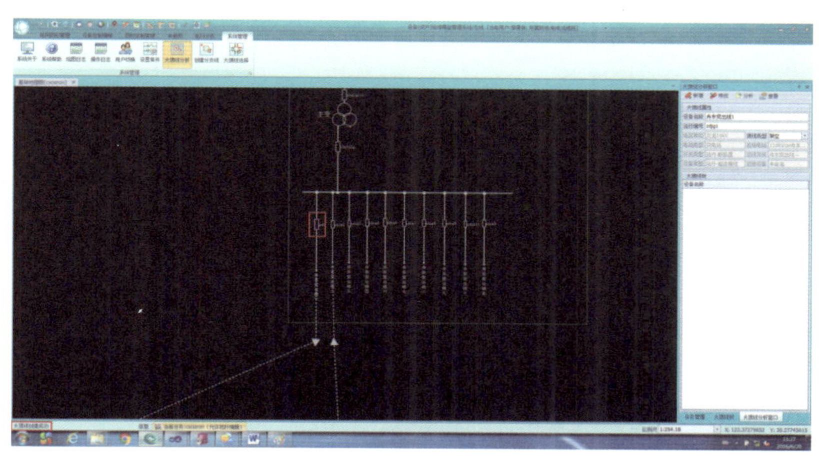

图 3-99　新增生成一条新的大馈线

第三步　单击分析按钮，系统将根据拓扑信息对选择的大馈线范围进行分析，并将分析结果高亮显示；用户根据弹出的“大馈线范围分析已经完毕，是否继续主干线和分支线分析”提示窗口进行选择；选择“是”，继续大馈线主干线和分支线分析，选择“否”，停止大馈线分析，并取消高亮，如图 3-100 所示。

第四步　选择“是”，系统分析完成后，在右侧大馈线分析窗口下部以树状结构显示分析结果；在树节点实现“定位设备”“修改属性”操作，如图 3-101 所示。

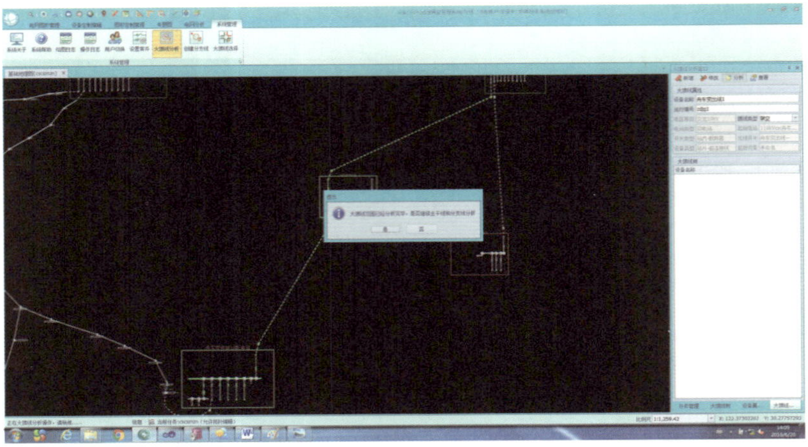

图 3-100　选择是否继续主干线和分支线分析

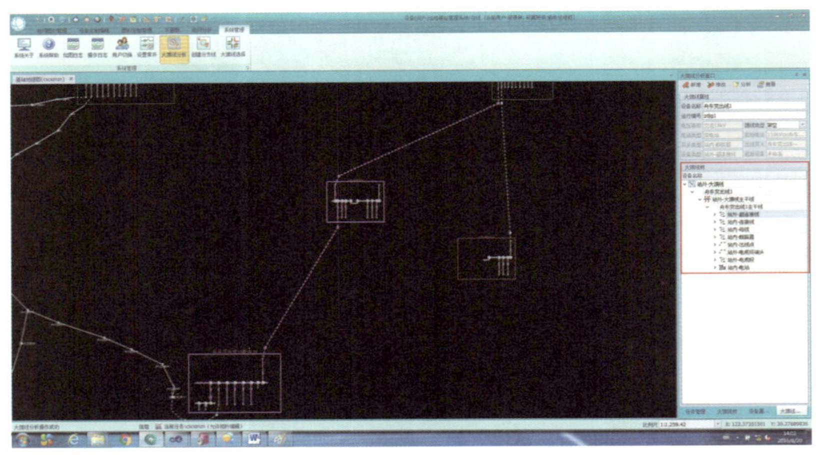

图 3-101　主干线和分支线分析

◇ 16. 如何进行大馈线修改？

操作步骤

第一步　单击工具栏的“大馈线修改”按钮。

第二步　在右侧弹出“大馈线修改窗口”，设置好大馈线名称、起始设备名称、出线开关名称。

第三步　单击“保存”按钮，修改改切后大馈线的起始点设备和出线开关，如图 3-102 所示。

图 3–102　系统管理—大馈线修改

◇ 17. 怎么进行拓扑校验?

操作步骤

第一步　鼠标左键单击“拓扑校验”按钮，会在窗口右侧弹出拓扑校验设置面板，单击面板中“检测方式”下拉框，可以看到提供了 5 种类型的检测方式。如图 3–103 所示。

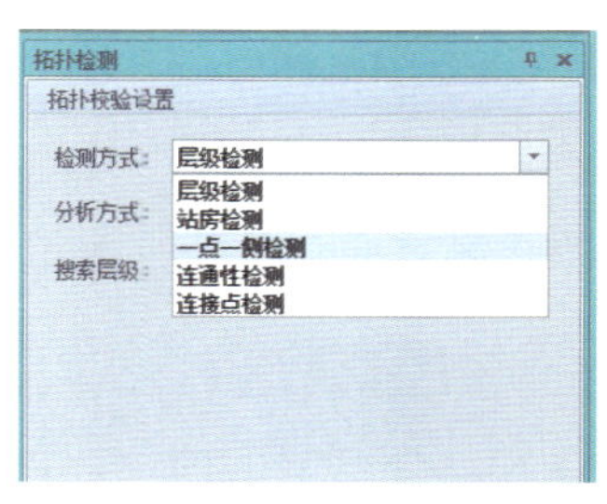

图 3–103　拓扑检测—拓扑校验设置

第二步　选择其中一种检测方式（如果选择“层级检测”，需要设置“搜索层级”参数；选择“连通性检测”，需要设置“分析方式”参数），然后在视图范围内通过鼠标点选“设备”作为检测的起始设备（如果选择“连通性检测”，还需要选择一个终止设备；如果选择“一点一侧检测”，需要点击设备的某一端以便指定分析的方向），如图 3–104 所示。

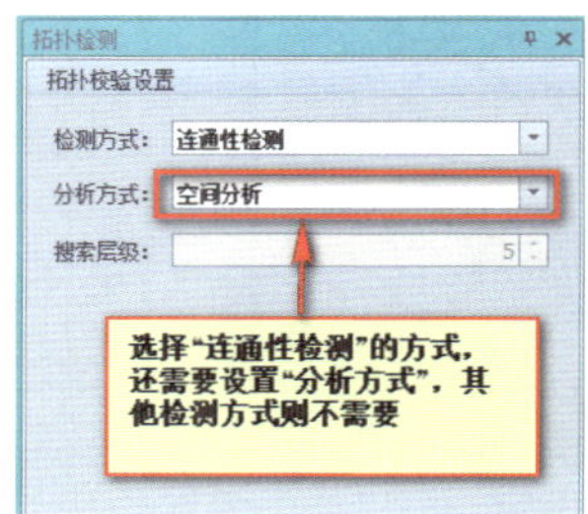

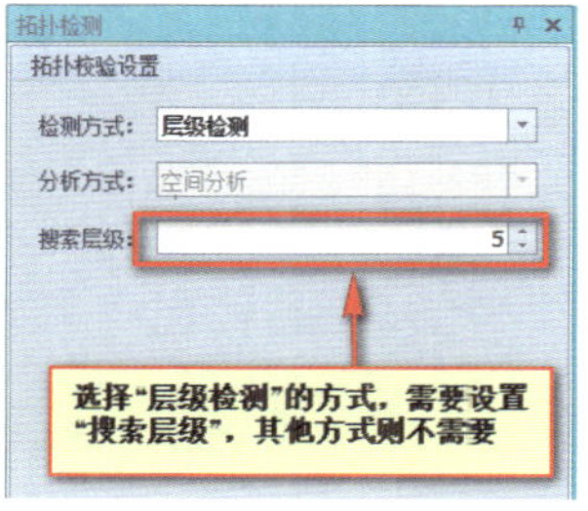

图 3–104　连通性检测和层级检测

第三步 选择完设备后，会立即进行相应的检测。检测完成后，检测结果高亮显示，并且在拓扑校验设置面板上将设备按照一定的方式展示：使用“层级检测”“站房检测”“一点一侧检测”，检测结果按照设备类型分类展示；使用“连通性检测”，除了按类型对检测结果进行展示外，还会按照起点、终点设备间的路径顺序进行展示；使用“连接点检测”，则会按照设备的连接点进行展示。图 3-105、图 3-106 分别是使用“连通性检测”“连接点检测”检测后的结果展示。

第四步 单击展示结果中的设备节点，会在拓扑检测设置面板中出现该设备的属性信息，选中“设备节点”，单击鼠标右键，会弹出右键菜单，可以使用菜单中的“定位”功能对设备进行定位显示，如图 3-107 所示。

检测方式说明

层级检测 以起点设备开始，以设置的搜索层级为限，逐层搜索与起点设备直接相连或者间接相连的设备，其中搜索到的点设备不计层数。

站房检测 以站房为边界，检测站内设备的拓扑连通状况，检测时可以选择任意站内设备。

一点一侧检测 检测线设备某一方向上的拓扑连接状况，检测时需要指定一个检测方向。此外，为了避免检测结果过多，默认遇到母线终止检测。

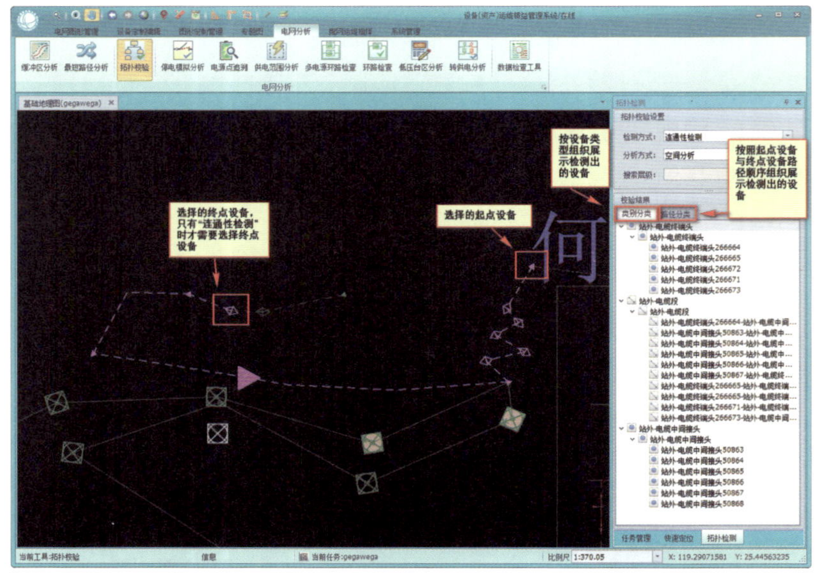

图 3-105 连通性检测结果展示

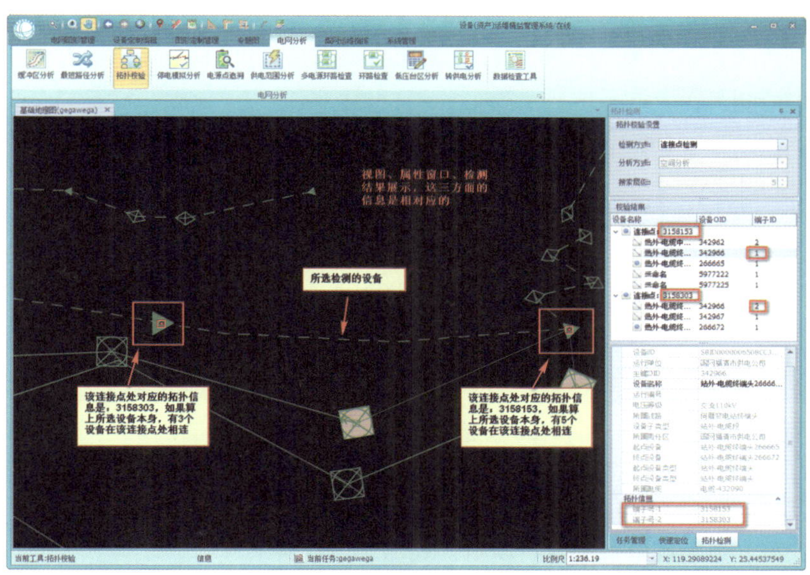

图 3-106　连接点检测结果展示

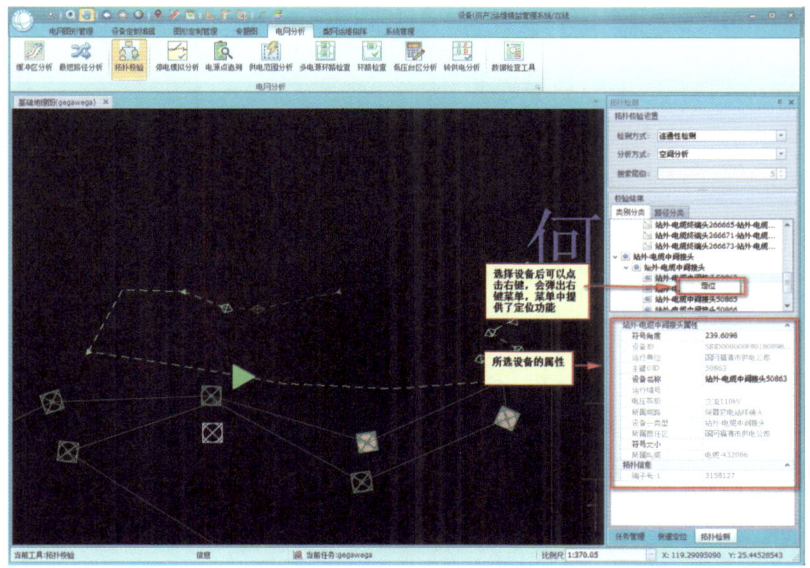

图 3-107　类别分类—右键—定位

连通性检测　检测起点设备与终点设备间是否连通，提供空间分析、电气分析两种分析方式，其中空间分析方式不考虑开断类设备的实际状态，即遇到断开的开关不会终止；而电气分析方式考虑开断类设备的实际状态，即遇到断开的开关会终止检测。

连接点检测　检测设备各个连接点处与其他设备的连接状况。

◇ 18. 如何进行供电范围分析？

操作步骤

第一步　鼠标左键单击“供电范围分析”工具，如图 3–108 所示。

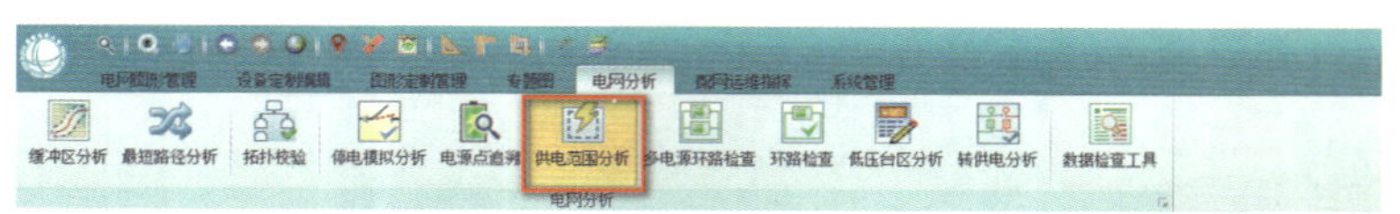

图 3–108　电网分析—供电范围分析（功能）

第二步　弹出供电范围分析窗口，如图 3–109 所示。

第三步　单击“开始分析”按钮，进行供电范围分析操作，分析结果以结果集树形和表格展示，可将分析结果集导出为 Excel 表格。如图 3–110 所示。

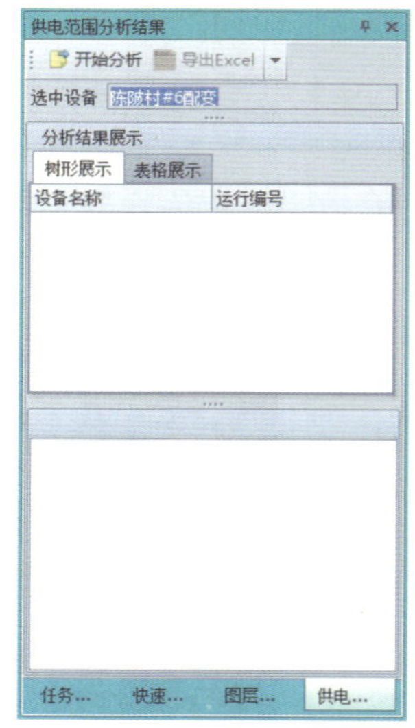

图 3–109　供电范围分析窗口

◇ 19. 如何进行低压台区分析？

操作步骤

第一步　鼠标左键单击“低压台区分析”工具，如图 3–111 所示。

第二步　弹出低压台区分析结果窗口，如图 3–112 所示。

第三步　单击“开始分析”按钮，进行低压台区分析操作，分析结果以结果集树形和表格展示，可以将分析结果集导出为 Excel 表格，如图 3–113 所示。

◇ 20. 怎么生成单线图？

操作步骤

第一步　在图形树中，双击变电站下的馈线 / 大馈线名称，打开单线图。

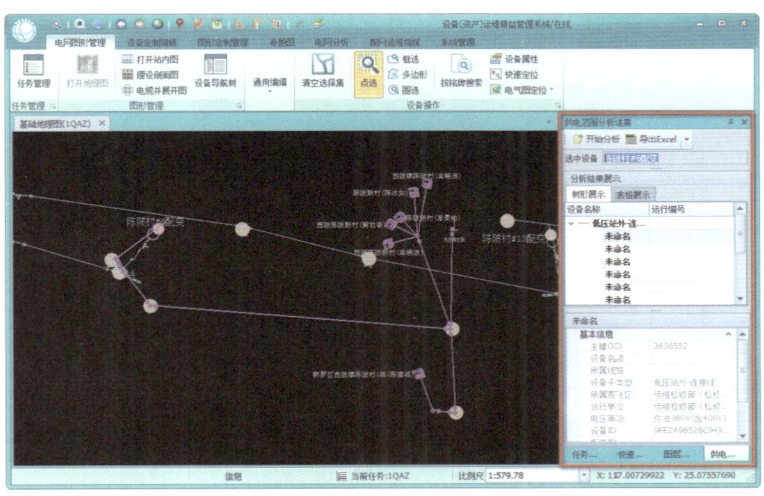

图 3-110　点击“开始分析”

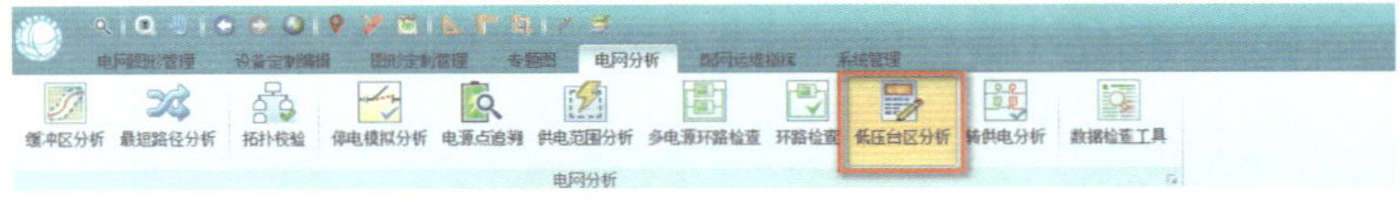

图 3-111　电网分析—低压台区分析（功能）

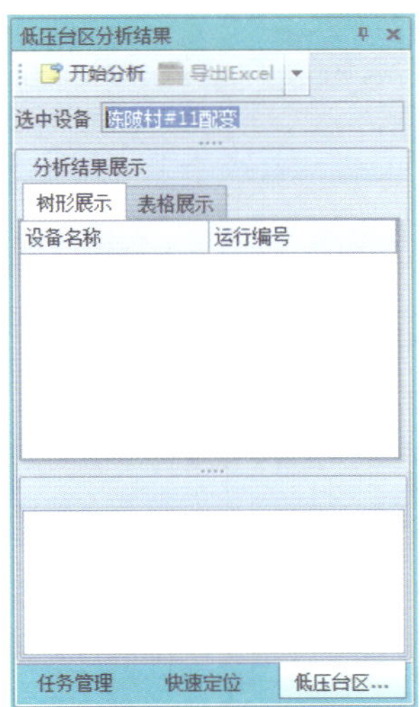

图 3-112　选中待分析设备

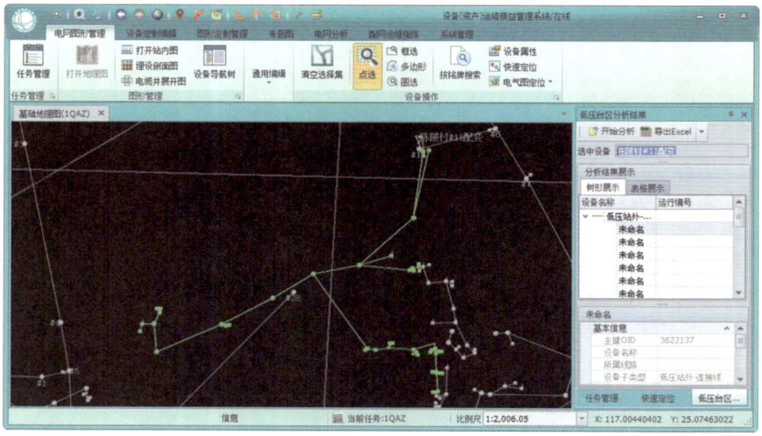

图 3-113　点击“开始分析”

第二步　在图形树中，右键单击变电站下的馈线 / 大馈线名称，选择打开单线图，打开单线图，如图 3-114 所示。

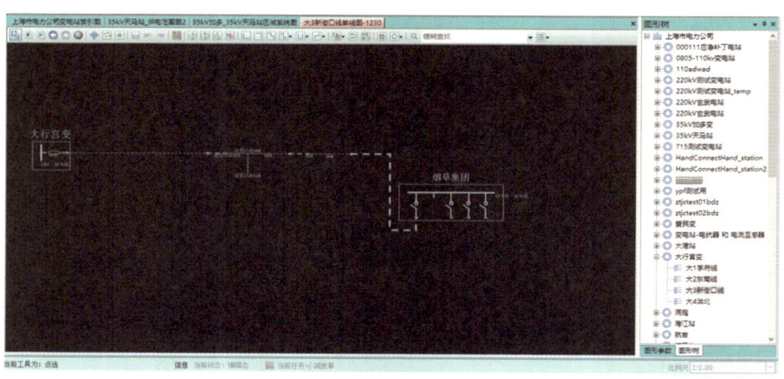

图 3-114　打开单线图

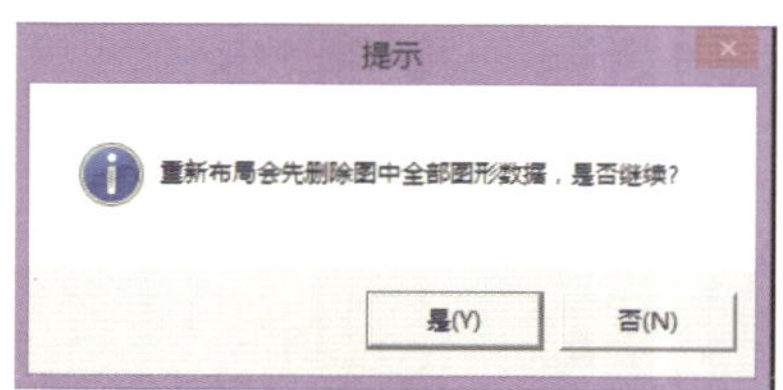

图 3-115　提示“重新布局会先删除图中全部图形数据，是否继续”

第三步　重新布局单线图。打开单线图后，单击工具栏上的重新布局按钮，系统弹出提示框，提示“重新布局会先删除图中全部图形数据，是否继续”，如图 3-115 所示。

单击“否”按钮，提示框关闭，该图形不会重新布局。单击“是”按钮，提示框关闭，该图形重新加载基础数据，根据拓扑结构和布局算法生成新的专题图形。保存图形。

第四步　在手动调整完专题图形后，单击工具栏“保存”图标按钮，将调整后的专题图图形保存成功，如图 3–116 所示。

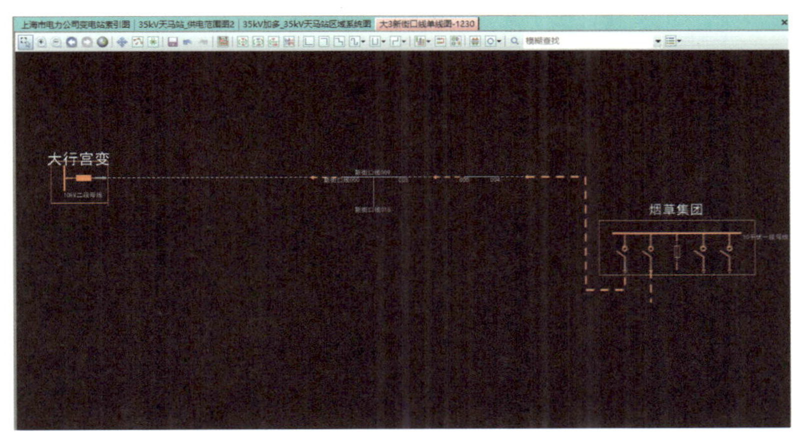

图 3–116　保存专题图图形

友情提示

（1）单线图中站房类（除变电站）设备是否展开可以由用户决定，默认为都展开，用户可自定义配置，目前的配置为本地配置，即只会影响当前客户端中单线图的站房是否展开。

（2）打开单线图，在（集合工具栏）下打开“配置”—“单线图站房展开配置”，如图 3–117、图 3–118 所示。

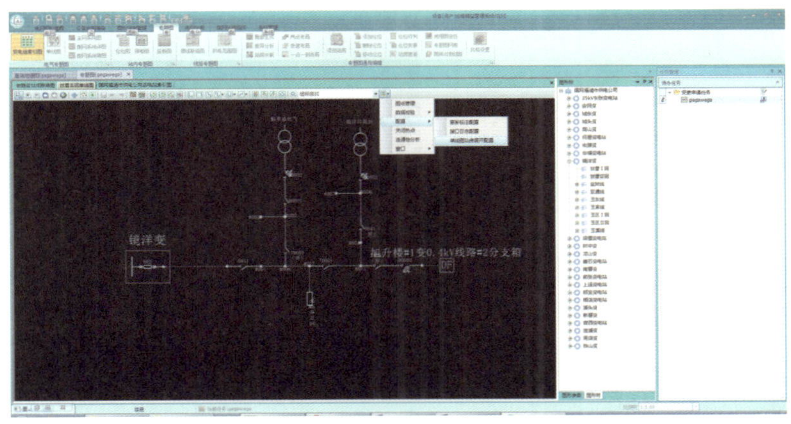

图 3–117　配置—单线图站房展开配置

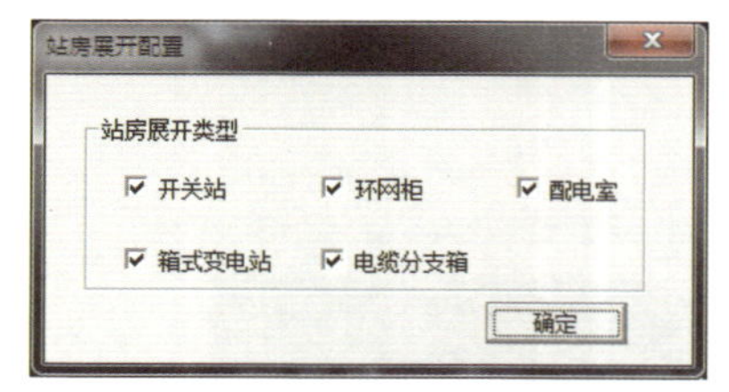

图 3-118　站房展开配置

（3）勾选的设备代表是要该类型站房要展开，不勾选则不展开。当图形全部展开时的布局效果，如图 3-119 所示。

（4）当取消开关站的展开配置时，如图 3-120 所示。布局效果如图 3-121 所示：（开关站不展开内部结构，显示为图元）。

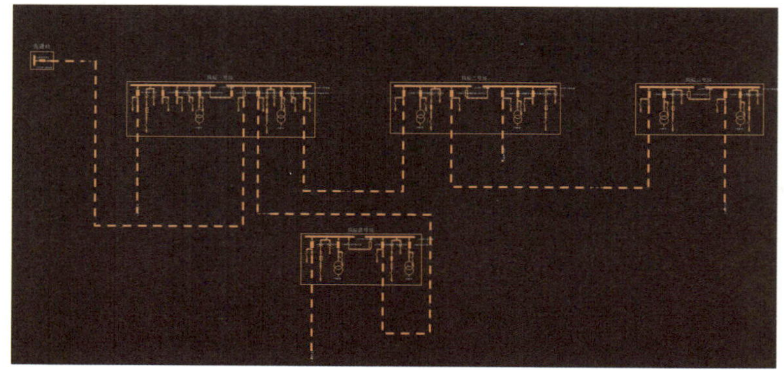

图 3-119　图形全部展开时的布局效果

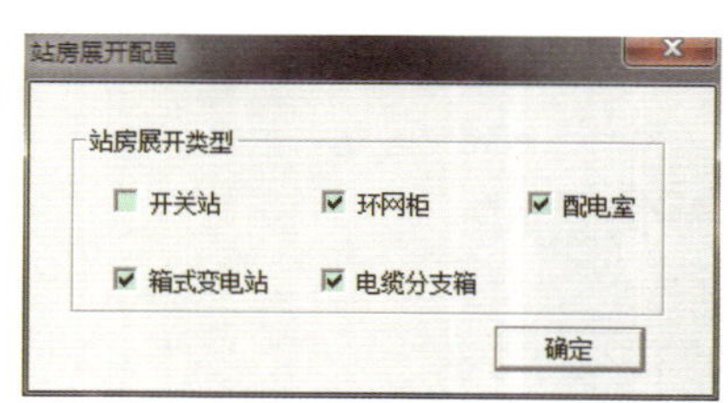

图 3-120　站房展开配置

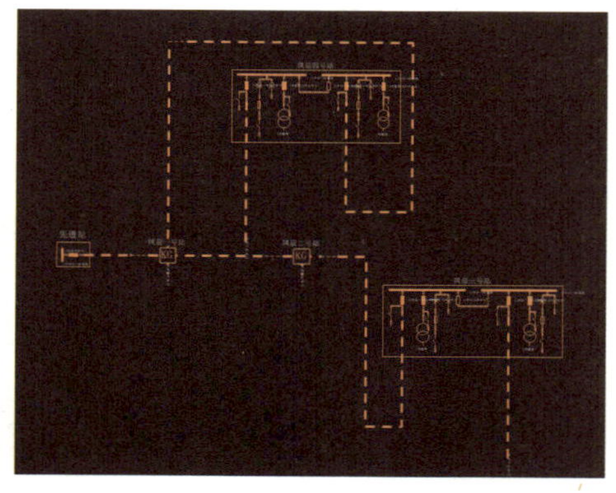

图 3-121　布局效果

当站房不展开时，站房的站内外连接处必须要有站内接头，否则会导致无法生成（或者生成后，可能存在有出线未生成）。

◇ 21. 怎么更新责任区？

操作步骤

第一步　框选设备，选择图形定制管理中“更新责任区”，系统弹出更新责任区窗口，如图 3–122 所示。

第二步　勾选界面上的“置空运行单位”“置空所属责任区”，点击‘确定’，提示操作成功，查看日志提示信息，如图 3–123 所示。

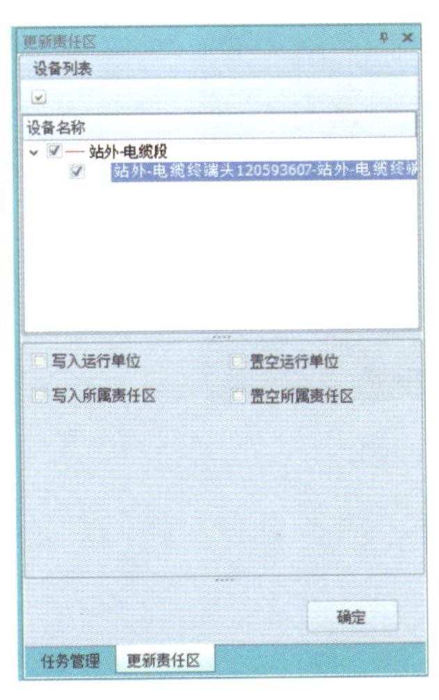

图 3–122　右键—更新责任区（功能）

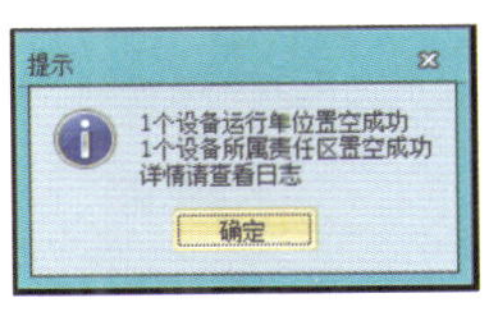

图 3–123　操作成功

第三步　选择设备的运行单位和所属责任区会变成空值，查看设备属性，如图 3–124 所示。

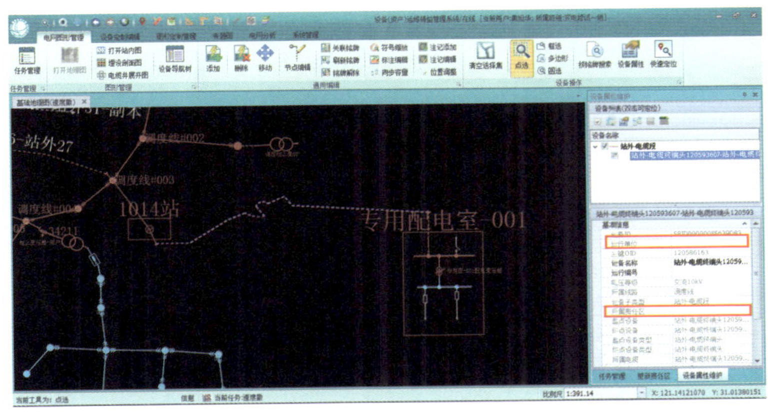

图 3–124　查看设备属性

第四步　切换不同责任区的账号登录系统，进入任务，选择刚刚操作过的设备，使用“更新责任区”，勾选“写入责任区”和“写入运行单位”，点击“确定”按钮，弹出写入成功提示，查看设备属性，责任区及运行单位发生改变，如

图 3-125 所示。

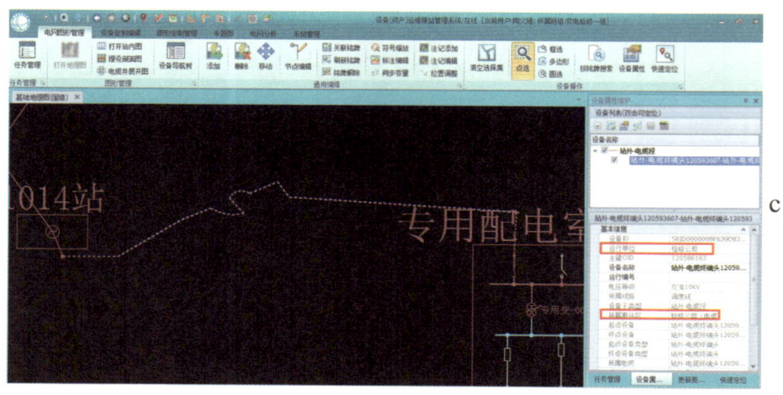

图 3-125 更改成功

◇ 22. 如何进行线路关联？

操作步骤

第一步 选择设备定制编辑中的“线路关联”工具。

第二步 点选目标间隔下的设备，起始站、出现间隔、出现开关、起点设备会自动获取目标间隔信息，单击界面“保存”按钮，完成信息变更，如图 3-126 所示。

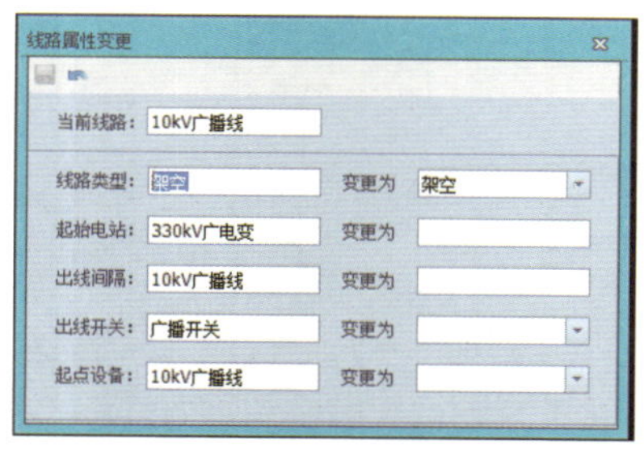

图 3-126 设备定制管理—线路关联（功能）

电网资源图形管理系统

第 1 节　图形维护基本操作

◇ 1. 怎样点选?

操作步骤

第一步　登录电网 GIS 系统，点击打开地理图。

第二步　鼠标左键单击“点选”工具，如图 4–1 所示。

图 4–1　电网图形管理—点选

第三步　单击地图选择设备。

第四步　选中多个设备，弹出选择集信息窗口，如图 4–2 所示，选中设备高亮闪烁。

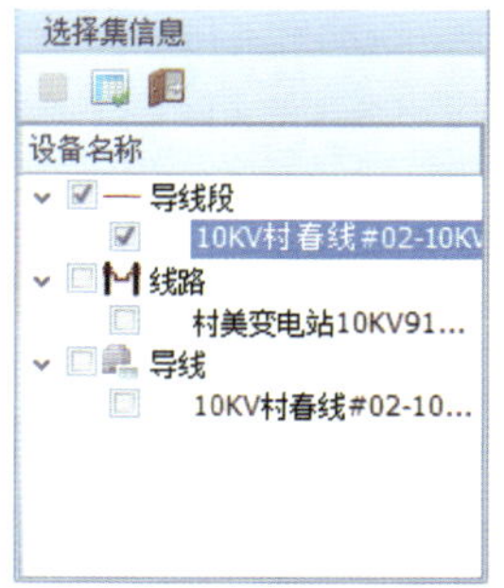

图 4–2　电网图形管理—选择集信息

◇ 2. 怎样框选?

操作步骤

登录电网 GIS 系统，打开地理图，按住 Ctrl 键，选择设备添加选择集，支持正选和反选操作，工具栏中“视图操作—图层管理”控制框选的图层。鼠标左键单击“框选（功能）”工具，如图 4–3 电网图形管理—框选。选择鼠标左键 Down，进行框选起点设置操作，按住鼠标移动显示框选操作 tracker。选择鼠标左键 Up，完成设备选择操作，鼠标坐标为拉框操作结束点信息，选中设备高亮闪烁。

图 4-3　电网图形管理—框选

友情提示　框选的时候就是选中设备，在设备左上方往右下方框选或在设备右下方往左上方框选，选中设备高亮即可。

◇ 3. 怎样多边形选？

操作步骤

第一步　登录电网 GIS 系统，打开地理图，工具栏中“视图操作—图层管理（功能）”控制多边形选的图层。

第二步　鼠标左键单击“多边形（功能）”工具，如图 4–4 所示。

图 4-4　电网图形管理—多边形

第三步　鼠标左键 Down：进行多边形选起点设置操作。鼠标移动依次左键点击地图，最后双击地图，完成设备选择操作，选中设备高亮闪烁。

◇ 4. 怎样圆选？

操作步骤

第一步　登录电网 GIS 系统，打开地理图，依次打开工具栏中“电网图形管理—圆选（功能）”，“视图操作—图层管理功能”控制圆选的图层。

第二步　鼠标左键单击“圆选（功能）”工具，如图 4–5 所示。

图 4-5　电网图形管理—圆选

第三步　选择鼠标左键 Down，进行圆选起点设置操作；按住鼠标移动，显示圆选操作 tracker；选择鼠标左键 Up，完成设备选择操作，鼠标坐标为圆选操作结束点信息，选中设备高亮闪烁。

友情提示　圆选的时候，按住鼠标左键，选择圆选设置起点，按住鼠标移动，然后点击设备，最后完成设备选择操作，选中设备高亮即可。

◇ 5. 怎样快速定位？

操作步骤

第一步　登录电网 GIS 系统，打开地理图，根据图形资源类型、可以查询的属性字段，查找满足条件的空间对象，并对查询结果进行图形定位。快速定位支持关键字的模糊查询。

第二步　鼠标左键单击“快速定位（功能）”工具，如图 4-6 所示。

图 4-6　电网图形管理—快速定位

第三步　弹出快速定位窗口，如图 4-7 所示。

第四步　在快速定位窗口，可设置“对象类型、设备类型、查询字段、单位级别、查询内容（字段）”等查询条件。

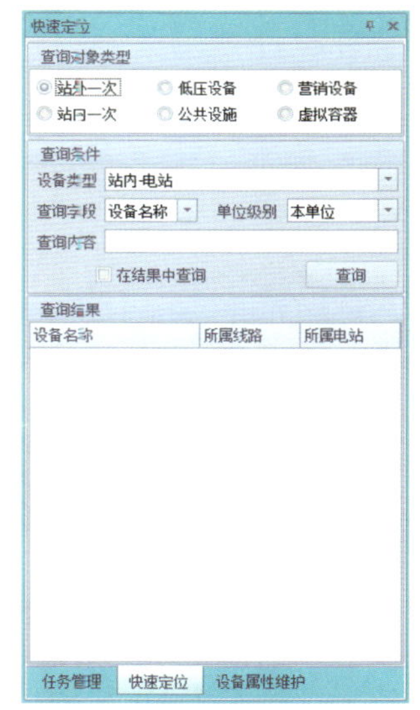

图 4-7　电网图形管理—快速定位—查询对象类型

◇ 6. 怎样使用设备属性功能?

操作步骤

第一步　登录电网 GIS 系统，打开地理图，提供查看选中设备属性的功能，鼠标左键单击“设备属性（功能）”工具，如图 4-8 所示。

第二步　弹出设备属性维护窗口，如图 4-9 所示。

第三步　在属性窗口，单击“全选 / 反选”按钮，处理选择集列表选中状态；“应用”按钮，处理选择集列表勾选的设备放到选择集内；“台账查看”按钮，查看选中设备的台账；“台账修改”按钮，修改选中设备的台账；“保存”按钮，保存修改后的属性信息。

图 4-8　电网图形管理—设备属性

◇ 7. 怎样精确移动设备？

支持按用户输入坐标对指定设备进行移动的功能。

操作步骤

第一步　打开“电闸图形管理”界面，选择完设备后，鼠标左键单击“精确移动（功能）”按键，会在窗口右上侧弹出精确移动设置窗口，如图 4–10 所示。

第二步　在精确移动设置窗口中输入坐标，单击“预览（功能）”按钮，可以查看设备移动后的位置，如图 4–11 所示。

第三步　单击精确移动设置窗口中的“确定（功能）”按钮，对设备进行移动，移动后的效果如图 4–12 所示。

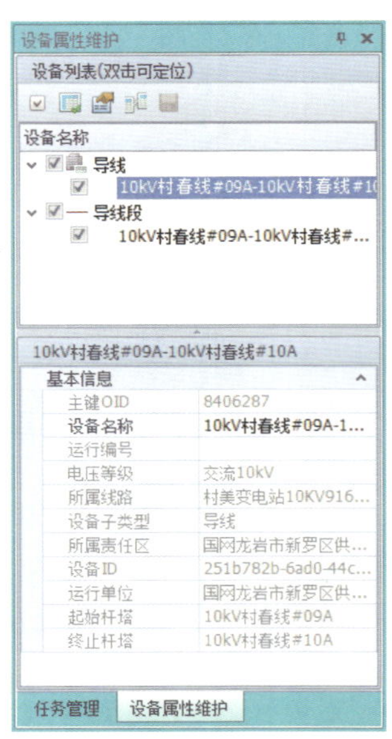

图 4–9　电网图形管理—设备属性—设备列表

注意事项　精确移动只能对单个设备进行移动，设备移动后会带动与之有拓扑关系、属性从属关系的设备一起移动；精确移动设置窗口中的坐标单位是经纬度，并且有范围限制：X 坐标在 73~136 之间，Y 坐标在 3~54 之间。

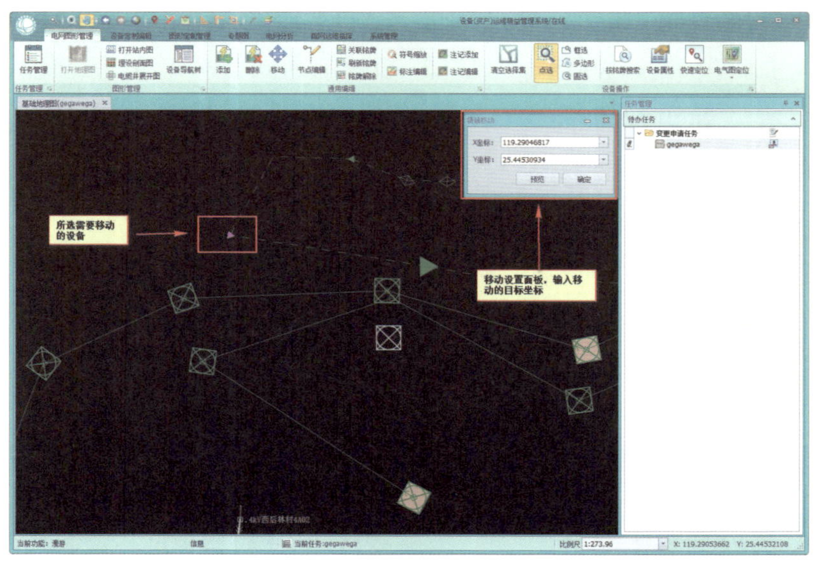

图 4–10　电网图形管理—图形定制管理—精确移动

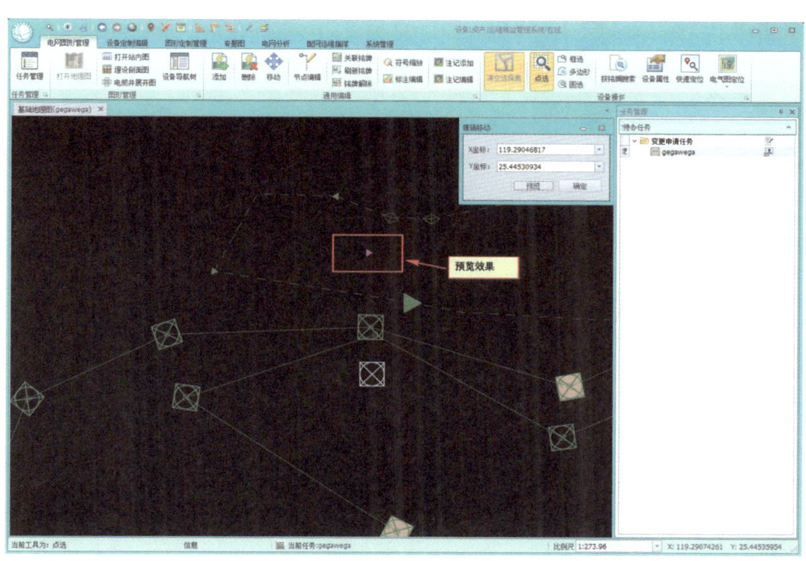

图 4-11　电网图形管理—图形定制管理—精确移动—预览

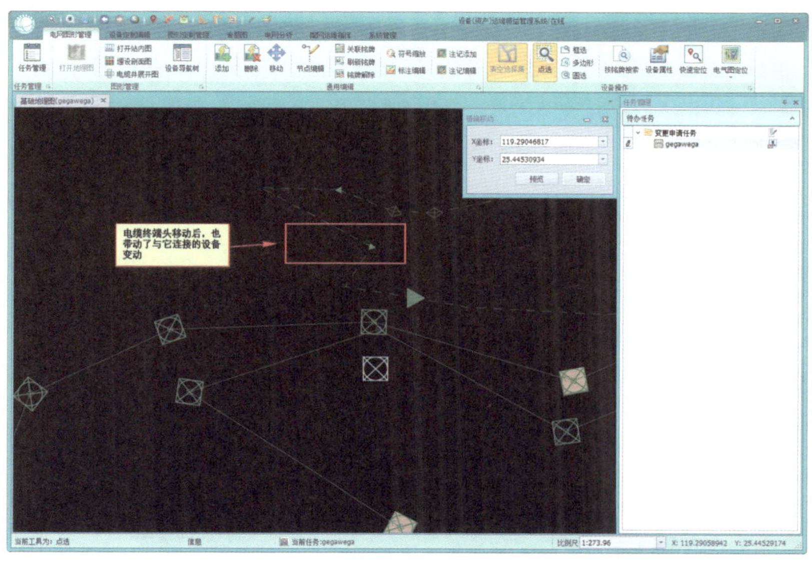

图 4-12　电网图形管理—图形定制管理—精确移动—预览—确定

◇ 8. 怎样删除设备?

操作步骤　根据所选的设备进行删除操作。

成功登陆系统并打开地理图后，单击工具栏上的“删除（功能）”按钮，然后在地理图中选择设备进行删除操作，如图 4–13 所示。

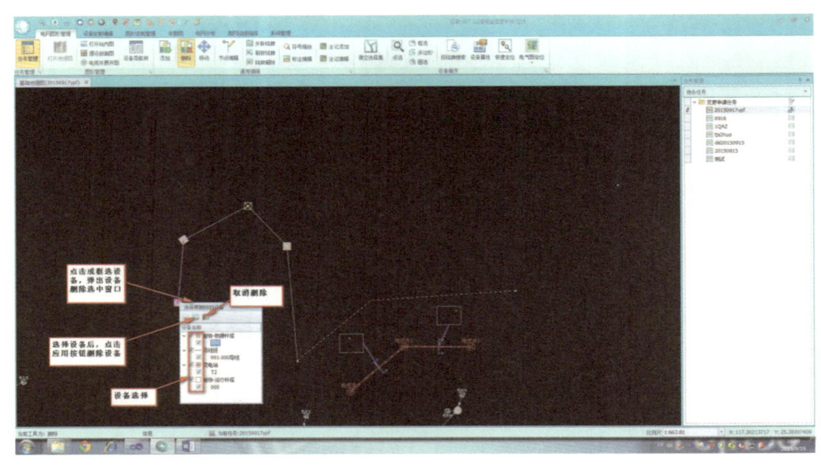

图 4–13　电网图形管理—删除

“删除设备”支持删除虚拟设备，删除虚拟设备将删除从属于虚拟设备的所有实体设备。

删除虚拟设备有两种方式，一种方式是通过点选工具，在地理图中选中虚拟设备，单击“删除”按钮，系统展示待删除设备列表，单击“确定”进行删除。如图 4–14 所示。另一种方式是在设备导航树中找到将要删除的虚拟设备，选中该设备节点后，单击鼠标右键在右键菜单中点击“删除”功能，系统展示待删除设备列表，单击确定进行删除。两种方式操作如图 4–15 所示。

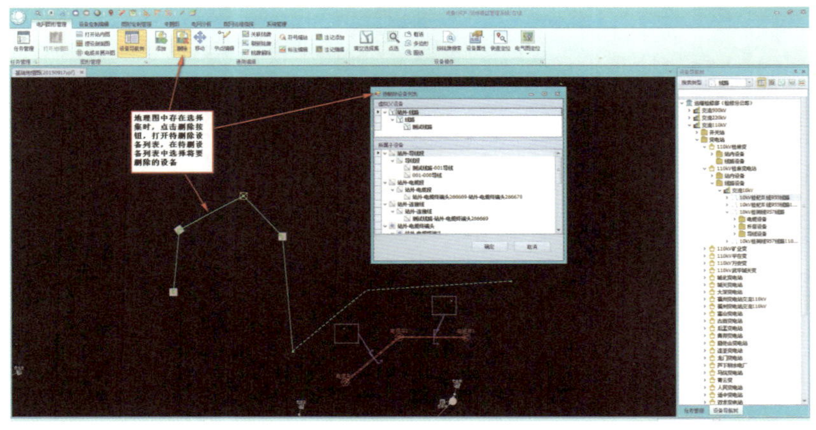

图 4–14　电网图形管理—删除—点选

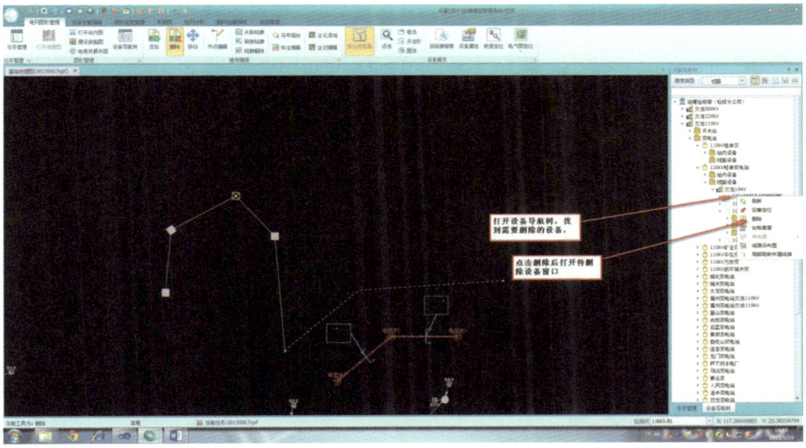

图 4-15　电网图形管理—设备导航树—删除

◇ 9. 怎样标注编辑?

操作步骤

第一步　提供对当前已存在的注记对象进行编辑的功能。

鼠标左键单击“注记编辑（功能）”工具，如图 4-16 所示。

图 4-16　电网图形管理—标注编辑

第二步　鼠标左键单击地图，选择一个已存在的注记对象。

第三步　弹出注记编辑窗口，设置注记的内容、字体、字体颜色、角度、字宽、字高、水平对齐、垂直对齐等；单击“清空设置”按钮，清空设置的参数，单击“保存”按钮，保存编辑后的注记，如图 4-17 所示。

第四步　鼠标左键按住粉色小红点●，移动鼠标到指定地点，松开鼠标，完成注记移动。

◇ 10. 怎样进行站房缩放?

此功能用于对站房大小进行调整。

操作步骤

第一步　鼠标左键单击“站房缩放（功能）”按钮，然后在视图范围内通过鼠标点选选择站房类设备，选中的站房会高亮显示，并且在站框四周出现缩放标记，如图 4–18 所示。

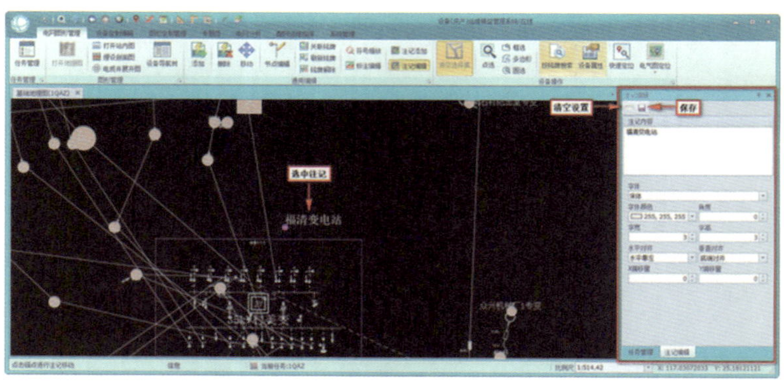

图 4–17　电网图形管理—标注编辑—保存编辑后的注记

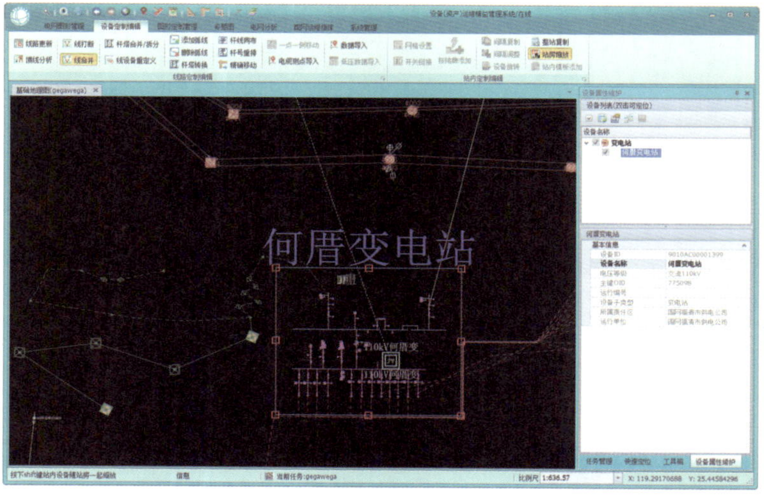

图 4–18　设备定制编辑—站房缩放

第二步　将鼠标移动到相应的方位标记上，鼠标会变为缩放样式，按下鼠标左键，并且拖动鼠标，站房会随鼠标的移动而改变大小，松开鼠标后可以选择其他方位在已有的缩放效果上继续进行缩放，如图 4–19 所示。

第三步　当沿着左上、左下、右上、右下方向进行缩放时，按下 shift 键，站内设备会随站框一起进行缩放，如图 4–20 所示。

第四步　调整好站房大小后，在任意位置双击鼠标左键，即可对调整后的站房进行保存，如果站房设备也一起调整，则会一同保存。

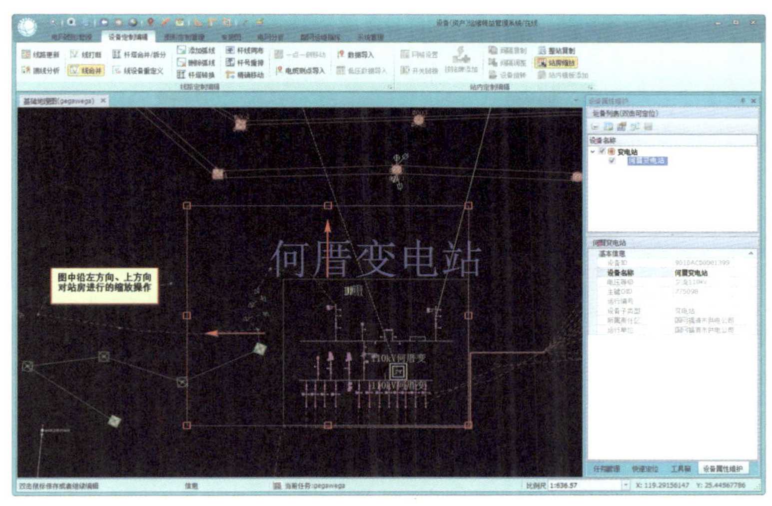

图 4-19　设备定制编辑—站房缩放—左方向、上方向缩放

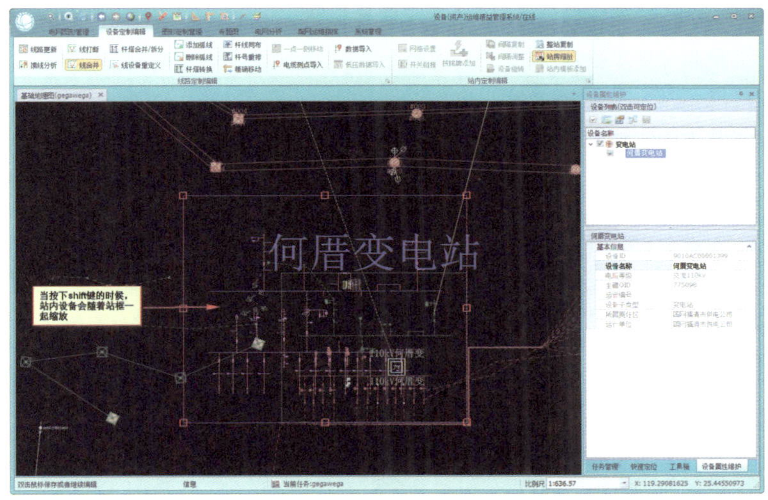

图 4-20　设备定制编辑—站房缩放—左上、左下、右上、右下方向进行缩放

注意事项　目前该功能支持地理图、配网系统图、主网系统图上的站房缩放。在系统图中，如果站房是以站框风格生成出来的，那么只能沿着左上、左下、右上、右下方向对站房进行缩放，并且默认带动站内设备进行缩放。缩放过程中，如果站内设备一起进行缩放了，那么站内设备与站外设备连接的位置会发生变化，双击保存后，功能会自动调整相关站外设备的位置以保持与站内设备的连接。如图 4-21 所示。

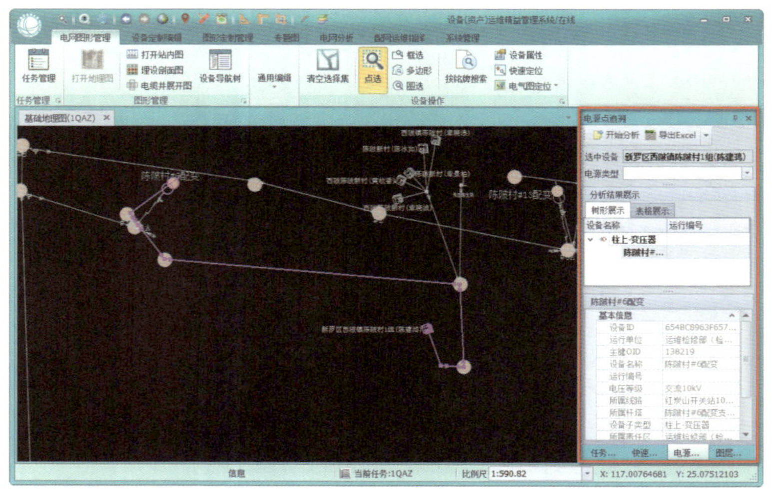

图 4-21　设备定制编辑—站房缩放—电源点追溯

友情提示　变压器不能与站房同步缩放，站房缩放可能会导致拓扑连接不通。

◇ 11. 怎样整站复制？

实现复制站房和整个站内设备的定制编辑功能。

操作步骤

第一步　单击“整站复制（功能）”工具，如图 4-22 所示。

图 4-22　设备定制编辑—整站复制

第二步　单击地图，选中一个变电站，移动鼠标，出现复制变电站的影像图 Tracker，鼠标移动到指定地点，鼠标左键单击地图，完成整站复制操作。

第三步　整站复制的图形设备，需要通过工具栏中“电网图形管理—关联铭牌”功能维护设备的基本属性信息。

友情提示　整站复制后，需要将已经复制过来的变压器的名称设备 ID 等属性信息等改成新的变压器信息。

◇ 12. 怎么样进行线路更新？

用于批量维护线路中设备的“所属线路（字段）”属性，指定线路管理的设备范围。

操作步骤

第一步 鼠标左键单击“线路更新（功能）”按钮，窗口右侧弹出线路刷新设置面板，如图 4–23 所示。

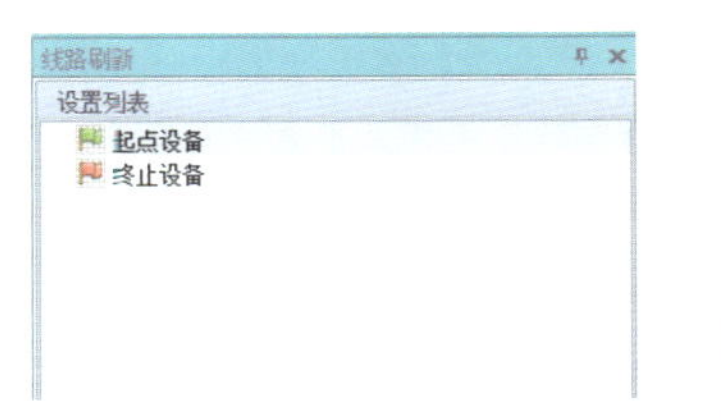

图 4–23 设备定制编辑—线路更新

第二步 在视图范围内通过鼠标点选选择线路的起始点设备。对于从站内出来的线路，起点设备为站内电缆接头；对于从柱上变压器出来的线路，起点设备为柱上变压器后面的低压熔丝或者低压柱上开关；对于跨区线路（业务上的称呼，图形系统中没有专门的类型），起点设备为跨区运行杆塔（运行杆塔的“是否跨接”属性为是）。

第三步 选择完线路的起始设备后，可以通过鼠标点选线路的终止设备。这部分操作不是必须的，需要根据实际情况而定。除了用户自定义的终止设备，系统会默认以站房、柱上变压器为终止设备。

第四步 设置完起点设备、终止设备，设置面板中的“搜索线路（功能）”和“清除设置（功能）”按钮变为可用状态，如图 4–24 所示。单击“清除设置（功能）”按钮清除设置的起点设备和终止设备。

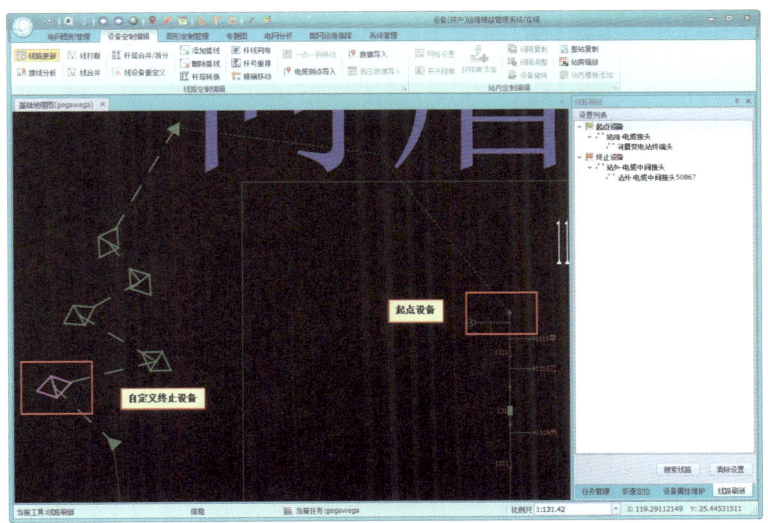

图 4–24 设备定制编辑—线路更新—清除设置

第五步 点击设置面板中的“搜索线路（功能）”按钮，从起始设备开始，结合设置的终止设备，通过拓扑关系分析出可以选择的线路以及线路上的设备，如图 4–25 所示。

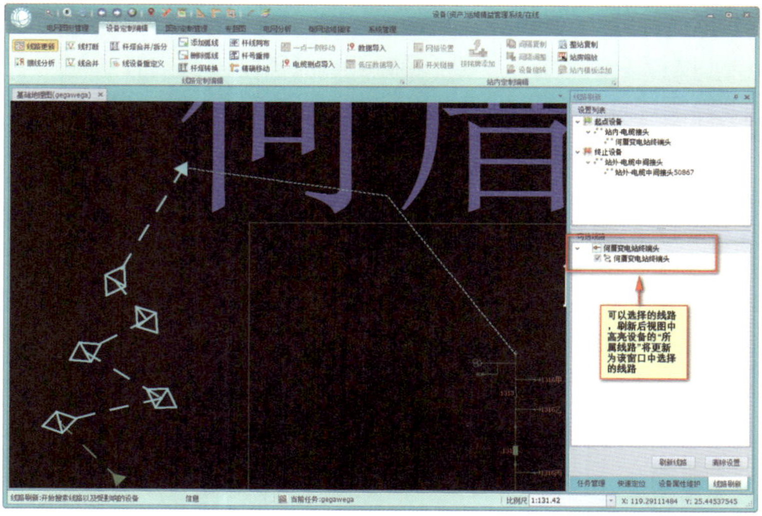

图 4-25　设备定制编辑—线路更新—搜索线路

搜索成功后，设置面板中会出现“刷新线路（功能）”按钮，单击该按钮，视图中高亮设备的“所属线路（字段）”更新为设备面板中选中的线路。

友情提示　进行拓扑搜索时是不考虑开关的开断状态的；如果两条或者多条线路间通过联络开关（业务上的称呼，图形系统中没有专门的类型）相连，需要用户将该开关设置为终止设备，否则搜索时将会把相关线上的设备都搜索到；该功能只用于维护设备的“所属线路”属性，不能用于对线路的起点设备、出线开关、所属间隔等属性的维护。

◇ 13. 怎样进行馈线分析？

馈线分析用于建立、维护普通线路与馈线间的挂接关系。

操作步骤

第一步　鼠标左键单击“馈线分析（功能）”按钮；在视图范围内通过鼠标点选除变电站以外的站房类设备；选择完站房后，会在窗口右侧弹出馈线分析设置面板。

友情提示

上级线路列表：展示可以给当前变电站供电的线路（为方便说明，称这部分线路为“上级线路”）。

线路列表：展示以当前变电站作为起始站房的所有线路（为方便说明，称这部分线路为“下级线路”）。

线路组织树：展示上级线路与下级线路间的挂接关系；如图 4–26 所示。

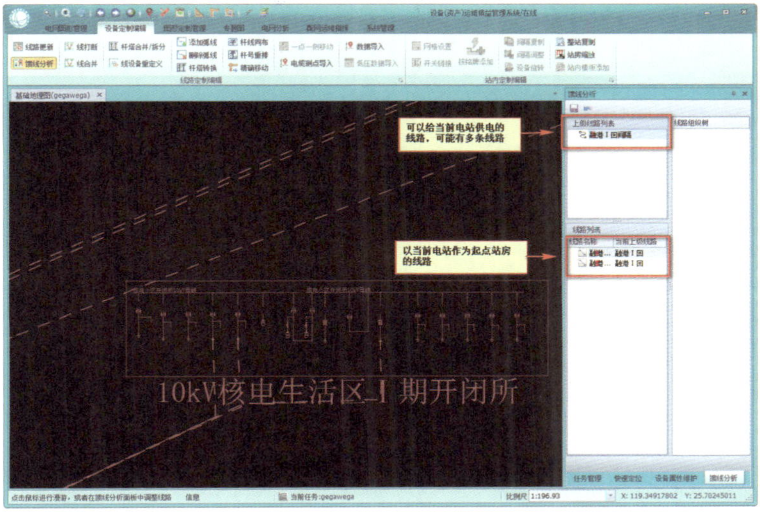

图 4–26　设备定制编辑—馈线分析

第二步　在相应列表中分别选择上级线路、下级线路，单击鼠标右键弹出右键菜单，然后单击“加入线路树”，所选线路会出现在线路组织树中，用户可以自定义下级线路与上级线路间的挂接关系，如图 4–27 所示。选择下级线路加入到线路树。

为了方便用户对数据进行查看、校验，相关节点的右键菜单中提供了多种辅助性功能：

定位出线点：定位显示线路的起始点设备。

定位出线间隔：定位显示线路所属的出线间隔。

定位线路：定位显示线路。

定位当前上级线路：定位显示下级线路当前所从属的上级线路。

移除线路树：清除用户设置的线路挂接关系。

查看供电通路：定位显示上级线路起始设备到下级线路起始设备间的供电路径，如图 4–28 所示。

第三步　设置好线路间的挂接关系后，单击设置面板中的保存按钮，即可更新下级线路的“上级线路”属性。

注意事项　上级线路的设备类型需要为馈线；该功能只能用于维护普通中高压线路的“上级线路”属性；

图 4-27　设备定制编辑—馈线分析—加入线路树

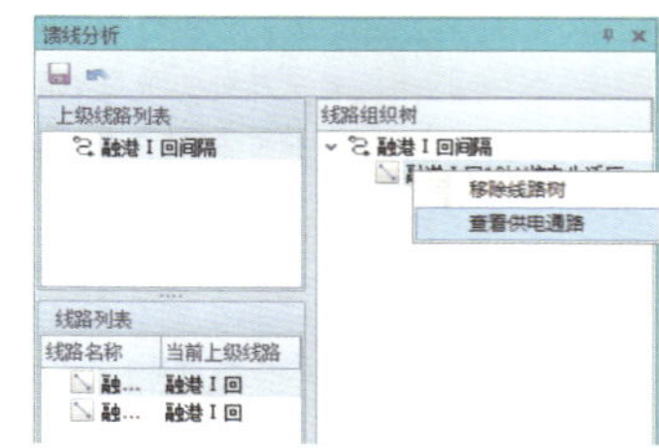

图 4-28　设备定制编辑—馈线分析—查看供电线路

因为线路是虚拟设备，所以功能中通过选择站房来查找线路。

◇ 14. 怎样线打断？

对导线段、电缆段（中高压、低压）这两种设备进行打断操作的功能。

操作步骤

第一步　鼠标左键单击“线打断（功能）”按钮，然后在视图范围内点选需要操作的设备对象，设备被选中后会高亮显示，如图 4–29 所示。

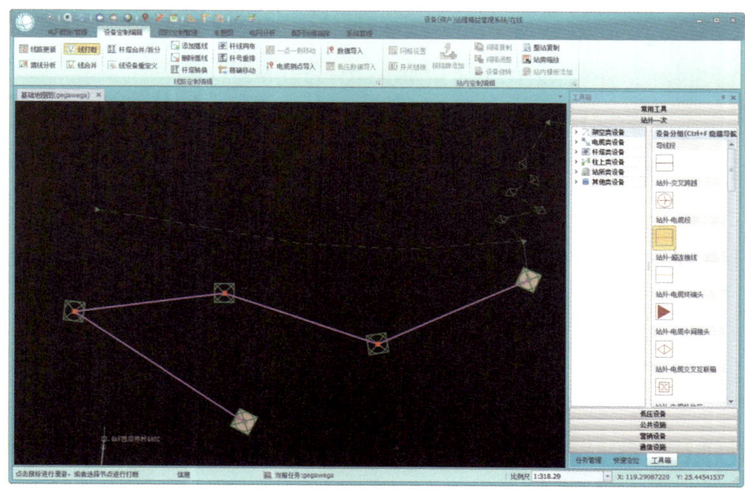

图 4-29　设备定制编辑—线打断

第二步　将鼠标移动到设备上，此时会出现捕捉的效果。根据捕捉效果，用户可以调整需要打断的位置。对于导线段，打断的位置只能在节点处，即导线段上运行杆的位置；对于电缆段，可以在图形上的任意位置进行打断。如图 4-30、4-31 所示。

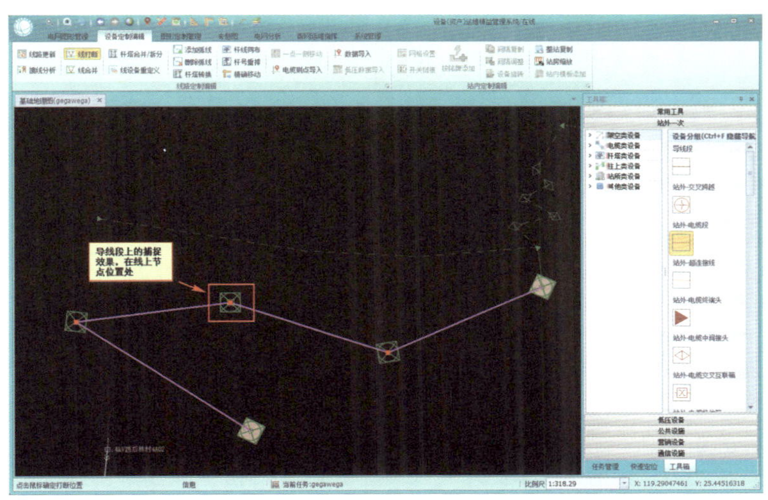

图 4-30　设备定制编辑—线打段—导线段的捕捉效果

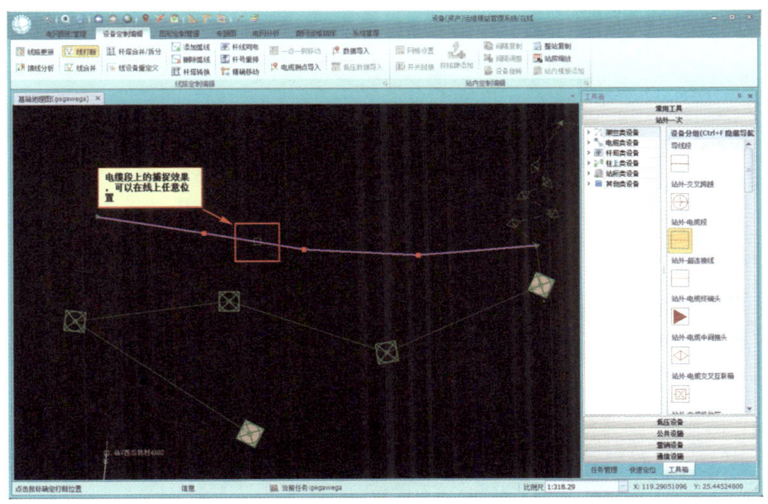

图 4-31　设备定制编辑—线打段—电缆段上的捕捉效果

第三步　选择好打断位置后，单击鼠标左键，这时会弹出一个消息提示框，由用户确认是否进行打断操作。点击确认后，即可对设备进行打断操作。打断操作后不会生成两个新的设备，而是修改原有设备，然后生成一个新的设备。此外，对于电缆段的打断，会在打断位置生成电缆终端头或是电缆中间接头，这个是根据用户选择而决定的。如图 4–32~ 图 4–34 所示。

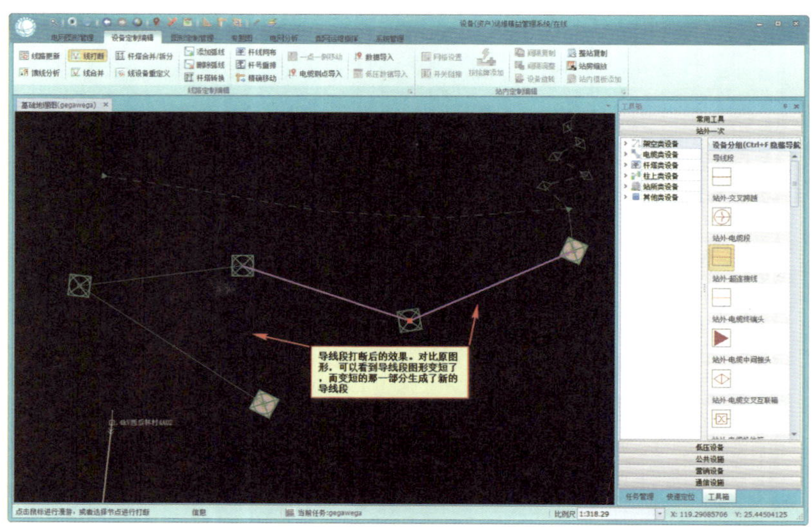

图 4–32 设备定制编辑—线打段—导线段打断后的效果

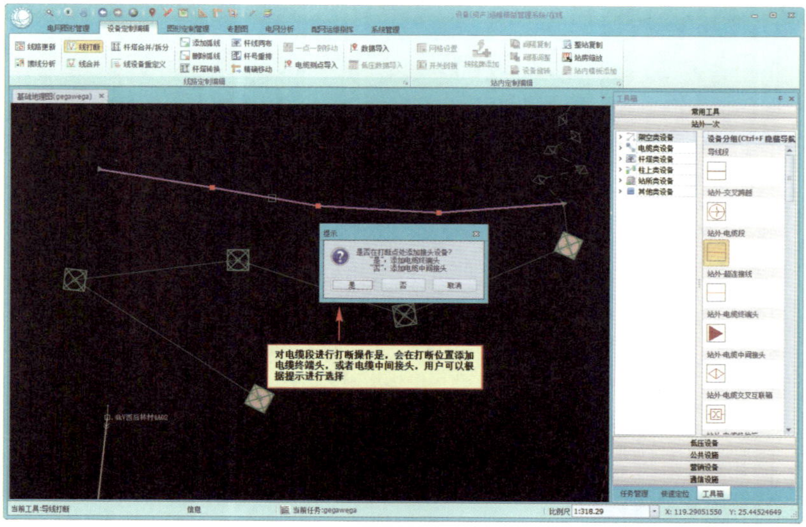

图 4–33 设备定制编辑—线打段—选择电缆段打断位置添加的设备

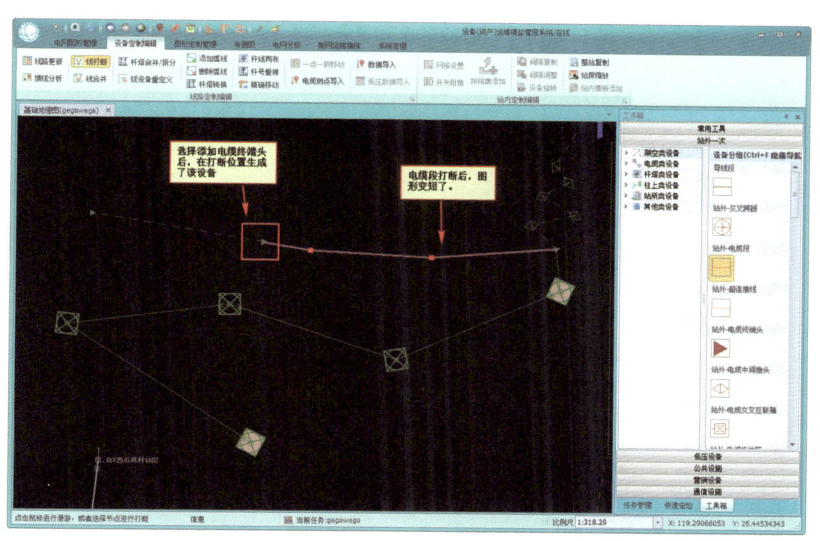

图 4-34　设备定制编辑—线打段—电缆段打断后的效果

注意事项　对电缆段、导线段打断后，其起点设备、终点设备会发生变化，打断操作会将打断位置处的起始、终止关系自动维护完善。该功能内部支持选择操作。当用户连续对不同设备进行打断操作时，不必使用专门的选择工具选择要操作的设备。只需点击 Esc 键清除当前所选设备，然后通过鼠标点选其他设备。

◇ 15. 系统如何查询设备信息？

操作步骤

打开地理图，依次打开快速定位—站外一次—设备类型“站外—柱上—变压器”—查询字段【选择设备 ID（或设备名称）】查询内容输入柱上变压器设备 ID（或名称），单击查询—双击查询（功能），结果即可定位到此台柱上变压器，单击设备属性可查看柱上变压器属性信息，如图 4-35 所示。

快速定位查询类型分为以下几种：

站外一次：查询内容包括柱上变压器、柱上开关、变电站、电缆段。

站内一次：查询内容包括配电变压器、站内主变压器、连接线。

低压设备：查询内容包括低压电缆段、低压熔丝、低压站内隔离开关。

营销设备：查询内容包括计量箱、高压电机、高压用户点。

公共设施：查询内容包括标志牌、电缆沟。

虚拟容器：查询内容包括站外线路、导线、大馈线。

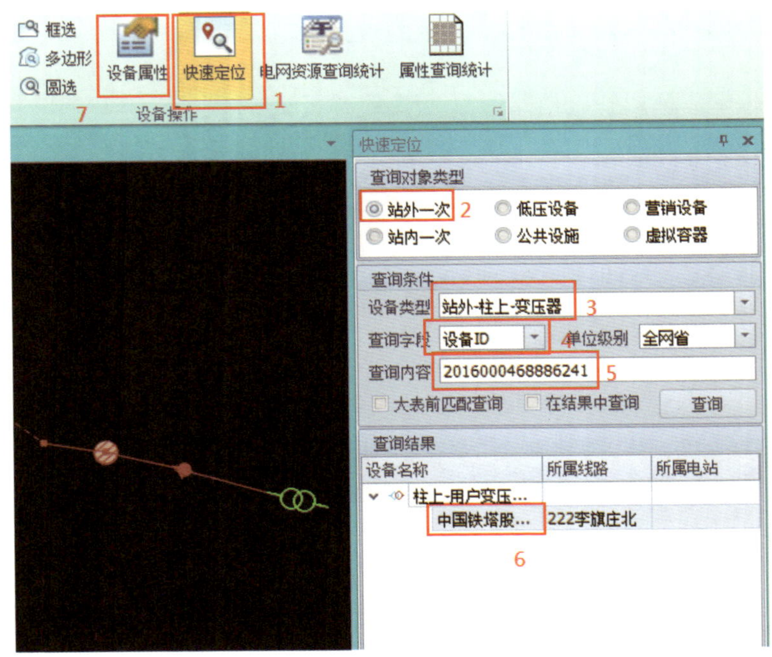

图 4-35　电网图形管理—快速定位—站外柱上变压器

◇ 16. 如何添加柱上专用变压器？

操作步骤

依次打开“打开地理图—点击添加—站外一次—柱上用户变压器（功能）”，定位到正确位置，单击“中压接入点（功能）”，依次打开绘制变压器— “输入变压器设备 ID 和设备名称（字段）”。

添加工具类型包括以下几种：

站外一次：内容包括电缆分支箱、电缆接地箱、柱上变压器、柱上断路器。

低压设备：内容包括低压电缆分支箱、低压导线段、低压电缆终端头。

公共设施：内容包括公共电缆终端站、公共电站站址。

营销设备：内容包括用电高压电机、用电高压用户点、用电计量箱。

通信设施：内容包括通信站点、通信光缆段、通信光缆接头盒。

站外二次：内容包括站外线路故障指示灯。

友情提示　在添加变压器的时候，首先要添加常开状态的开关，在变压器添加完成后，再对开关进行闭合，如图 4-36、图 4-37 所示。

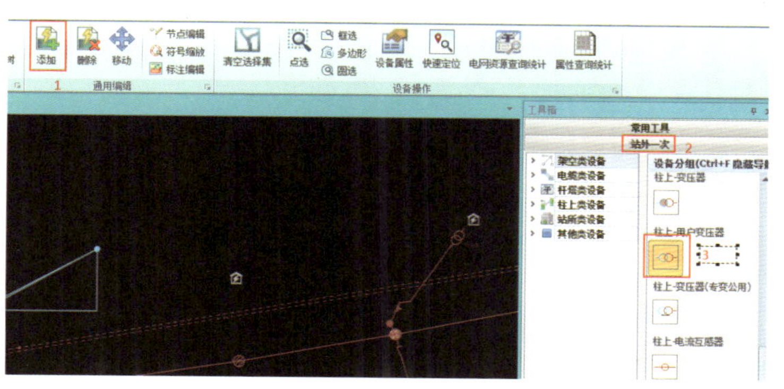

图 4-36　电网图形管理—添加—站外一次

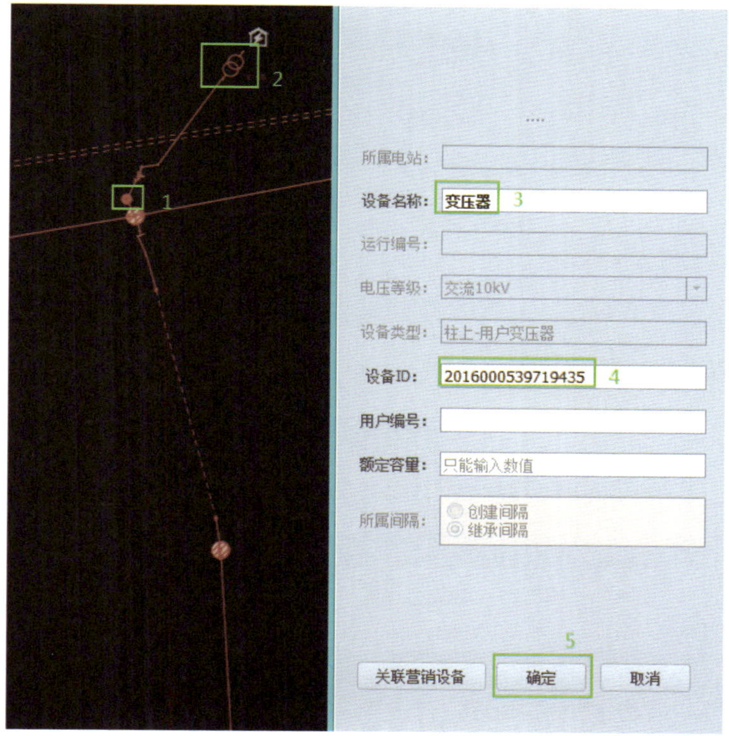

图 4-37　电网图形管理—添加—站外一次—确定

◇ 17. 如何关联分布式电源图形台账？

在《电网资源图形管理系统》绘制分布式电源时，通过营销用户编号进行图形与档案关联。实现图形中的业务系统 ID、电源类型、用户名称、用电地址、管理单位与营销系统台账一致。

◇ 18. 如何导出台区下所有设备？

操作步骤

首先定位到变压器，使变压器为高亮状态，单击电网分析—低压台区分析—开始分析，分析完成后台区下所有设备为高亮状态，单击导出 excel 即可。如图 4-38~ 图 4-40 所示。

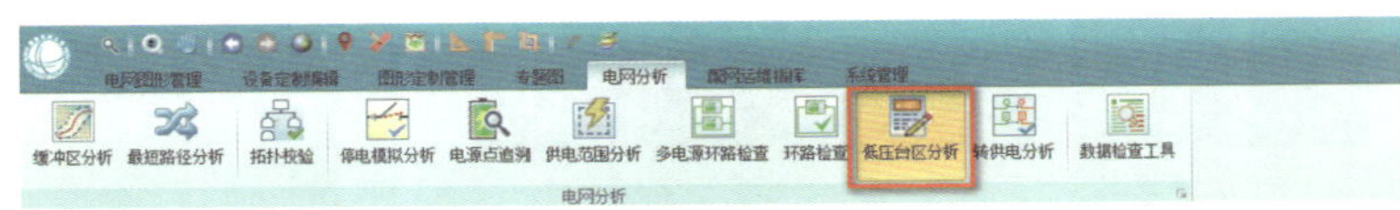

图 4-38　电网分析—低压台区分析

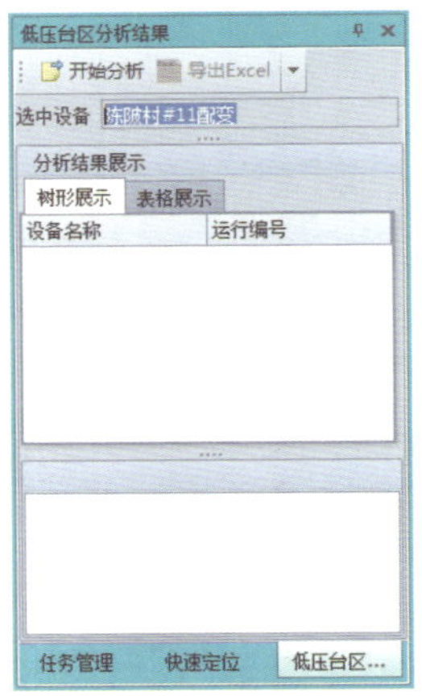

图 4-39　电网分析—低压台区分析—低压台区分析结果

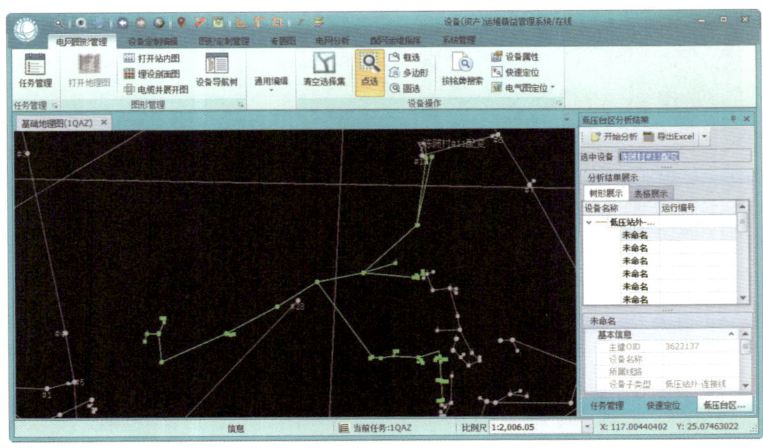

图 4-40　电网分析—低压台区分析—低压台区分析结果

◇ 19. 怎样从计量箱追溯到所属变压器？

操作步骤

追溯选中设备的供电点，并高亮分析结果，通过点选功能，先选中设备。

第一步　鼠标左键单击“电源点追溯（功能）”工具，如图 4–41 所示。

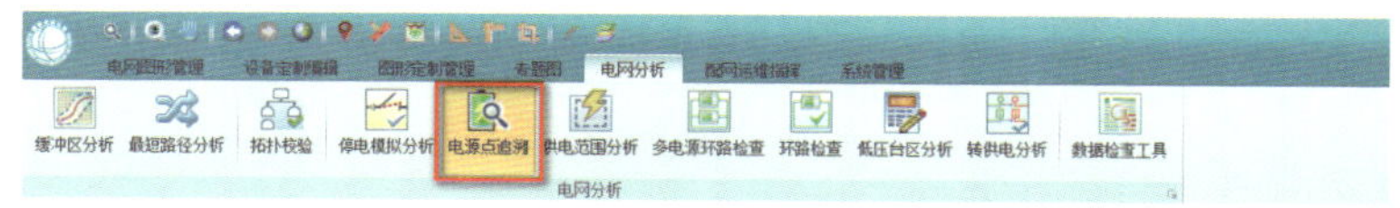

图 4–41　电网分析—电源点追溯

第二步　弹出电源点追溯窗口，如图 4–42 所示。

第三步　设置电源类型，默认为上一级供电点，单击“开始分析”按钮，进行电源点追溯操作，分析结果以结果集树形和表格展示，支持分析结果集以 Excel 表格导出。

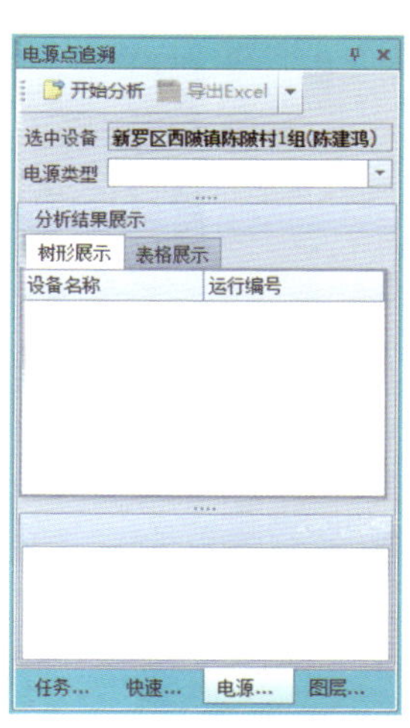

图 4–42　电网分析—电源点追溯—开始分析

◇ 20. 计量箱属性信息中其他信息正常，但缺少供电变压器字段，如何维护？

操作步骤

需做计量箱分析。

第一步　单击“设备数据编辑—计量箱管理—设备 ID”，输入计量箱条码（若整条线路需做线路更新，可根据所属低压线路或变压器搜索）单击查询，选择需要分析的计量箱，单击开始分析（功能），分析完成后，即可维护供电变压器字段，如图 4–43 所示。

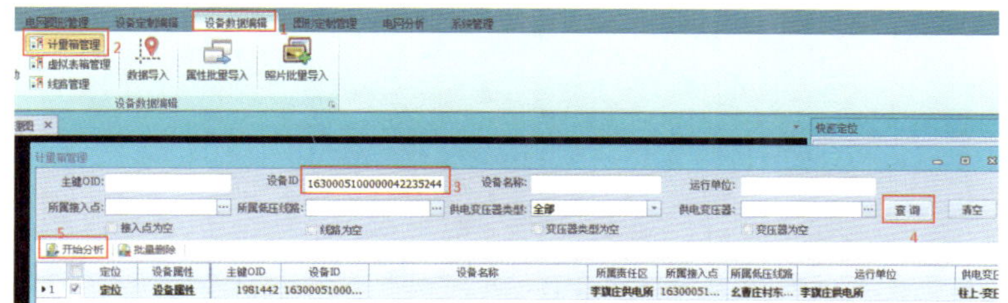

图 4–43　设备数据编辑—计量箱管理

◇ 21. 垃圾数据如何删除？

操作步骤

打开地理图，定位到需删除的设备，把需删除的设备断开使其成为孤立状态，利用框选功能进行框选，使需删除的设备成为高亮状态，单击删除，确定即可。

友情提示　删完图形后请稍等 3~5s 中，如果出现显示需要删除虚拟设备，单击是，并选中所有虚拟设备，单击删除。这样虚拟设备就完全删除成功，如图 4-44 所示。

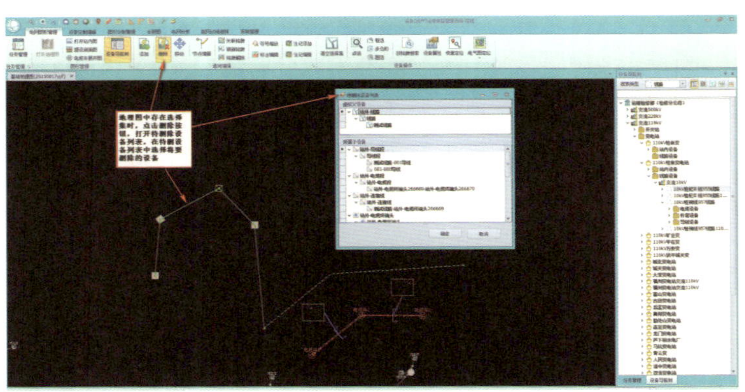

图 4-44　电网图形管理—删除

◇ 22. 长度量算功能如何使用？

操作步骤

第一步　单击长度量算按键，如图 4-45 所示。

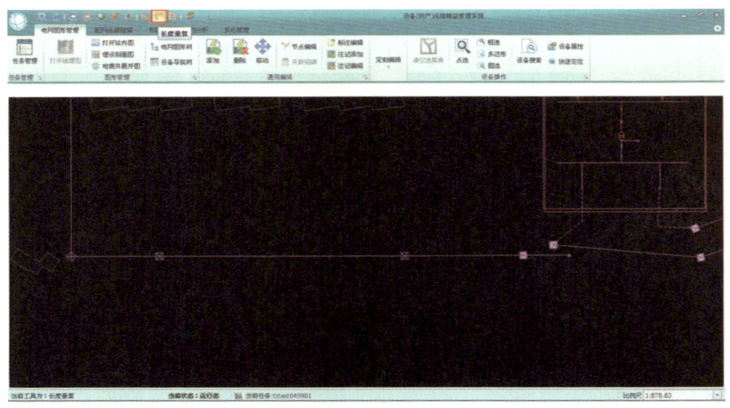

图 4-45　电网图形管理—长度量算

第二步　在所要测量线段初始点单击鼠标左键拉伸线段，至终点再次单击鼠标左键出现该线段长度，如图 4-46 所示。

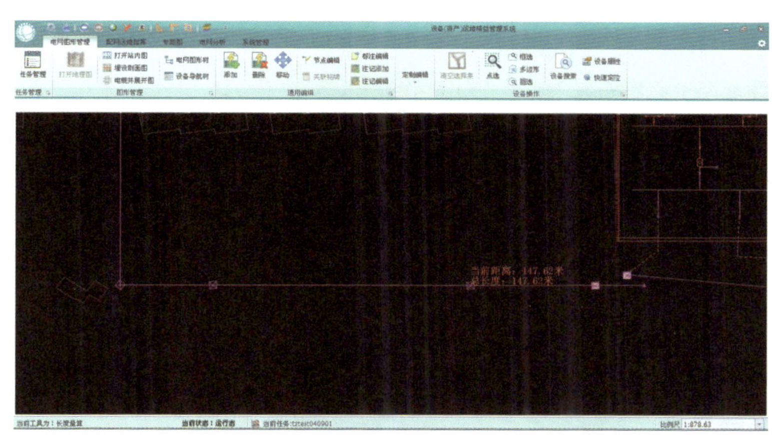

图 4-46　电网图形管理—长度量算—计算线段长度

◇ 23. 如何使用供电范围分析功能？

操作步骤

第一步　使用“快速定位（功能）”定位变压器，使其成为高亮状态，如图 4-47 所示。

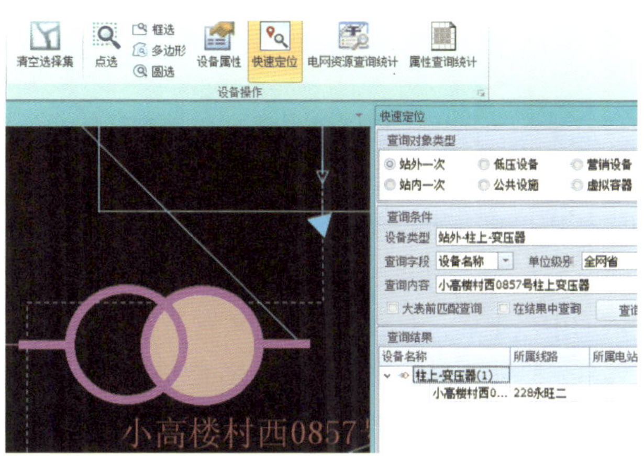

图 4-47　电网图形管理—快速定位—站外柱上变压器

第二步　单击“电网分析—供电范围分析—开始分析”，进行供电范围分析，分析结果以结果集树形和表格展示，支持分析结果集以 Excel 表格导出，如图 4-48 所示。

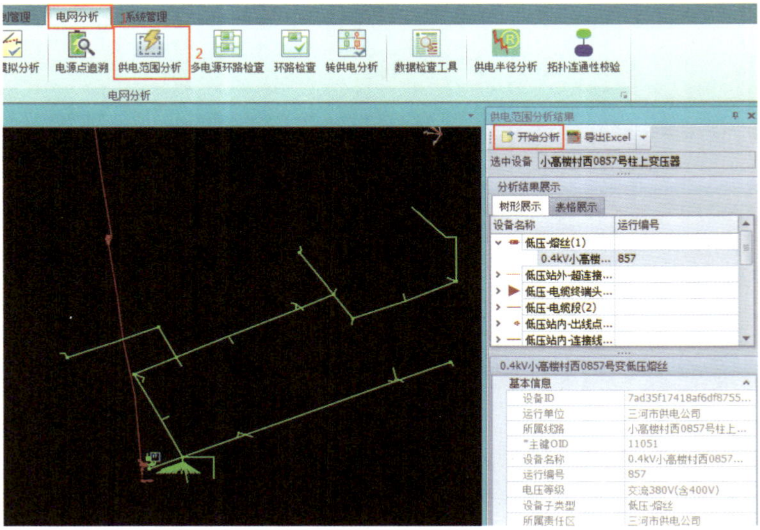

图 4-48　电网分析—供电范围分析—开始分析

第 2 节　数据采录具体内容

◇ 1. 高压用户数据采录内容包括哪些?

高压用户数据采录包括高压用户点、用户架空杆、用户电缆段、用户站房、用户柱上变五大类。

（1）高压用户点采集。高压用户用电位置，采集高压用户特征点坐标，根据特征点坐标推算高压用户中心点坐标。

（2）用户架空杆塔采集。直径小于 30cm 的杆塔，采集杆塔一侧坐标；直径大于 30cm 的杆塔，采集杆塔周围 2 ~ 3 个点坐标，求取杆塔中心点坐标；门形杆塔采集两基杆塔的中点坐标；双联杆两基杆塔都有铭牌的，两基杆塔均应采集坐标。拍摄三张照片：一张杆塔全貌照片；一张能清晰看到杆塔铭牌的杆塔铭牌照片（若存在多回路线路杆塔身背铭牌悬挂分散情况，可根据实际需要拍摄多张铭牌相片）；一张能清晰看到杆上设备的杆塔塔头的照片。

（3）用户电缆段采集。根据公共设施采集的检查井 / 工井和电缆管（沟、隧道）特征点信息绘制电缆、电缆管（沟、隧道）走向，并注明埋设方式。通过实际地下管线测绘方式采集电缆线路的特征点位置信息并注明埋设方式。通过实际地下管线测绘方式或地图标绘方式采集电缆中间接头、电缆接地箱、电缆交叉互联箱的坐标数据，并记录设备名称、设备编号、所属线路等属性信息。

（4）用户站房采集。采集用户站房（开关站、配电室、箱式变等）中心点坐标，无法直接采集中心点坐标的，应采集多个特征点推算出中心点坐标。在拍摄两张照片：一张站房全貌照片；一张站房铭牌照片。

（5）用户柱上变压器采集。采集用户变压器中心点坐标，无法直接采集中心点坐标的，应采集多个特征点推算出中心点坐标。

◇ 2. 低压配电线路采录内容包括哪些（0.4kV 配电线路）？

低压配电线路采录内容包括：站房低压侧、低压综合配电箱柜、低压杆塔、低压导线、低压电缆、低压分支箱六大类。

（1）站房低压侧采集。低压开断设备需要采集类型（断路器、隔离开关等）、编号；低压电缆终端头需要采集名称；低压补偿柜需要采集容量。

（2）低压综合配电箱柜采集。采集每一个公用变压器下低压综合配电箱的地理位置、名称和箱内一次接线图；拍摄低压综合配电箱全貌照片和箱内一次接线图照片；用户单位提供箱内电缆进出线型号及长度。

（3）低压杆塔采集。采集杆塔空间位置信息；记录杆塔名称、材质、性质（直线、耐张、T 接、终端等）、同杆架设回路数等杆塔信息；记录杆上设备如隔离开关、开关、跌落等杆塔设备信息，由相关业务部门负责人员进行确认，并结合其他业务系统数据进行核对；拍摄三张照片：一张杆塔全貌照片；一张能清晰看到杆塔铭牌的杆塔铭牌照片（若存在多回路线路杆塔身背铭牌悬挂分散情况，可根据实际需要拍摄多张铭牌相片）；一张能清晰看到杆上设备的杆塔塔头照片。只采集物理杆塔，避免双回路或多回路重复采集位置；

（4）低压导线采集。从变压器的低压端开始，逐一对每个回路进行采集，采集内容包含导线的走向、导线的拓扑关系、导线的条数；用户负责提供低压导线的型号和长度。

（5）低压电缆采集。从变压器的低压端开始，逐一对低压电缆的接线进行采集，采集的内容为低压电缆对应的开关编号、进出线名称和接线关系；用户负责提供低压电缆的型号。

（6）低压分支箱采集。采集人员对低压分支箱的位置、名称和进出条数进行采集。记录分支箱一次接线图，包括进线名称、开关编号等。对现场打不开低压分支箱，由用户负责配合处理。拍摄两张照片：一张全貌照片，一张铭牌照片。

◇ 3. 营销数据采录内容包括哪些？

营销数据采录内容包括计量箱、低压电能表、终端设备、计量库房、充电桩、分布式电源六大类。

（1）计量箱采集。采集计量箱垂直地面的位置作为计量箱的测量位置。拍摄一张计量箱全貌照片。

（2）低压电能表采集。核实电能表的用户名称、地址、资产编号、条码编号。记录所属计量箱。拍摄照片一张（须能看清条码编号）。

（3）终端设备采集。采集终端（不包括低压采集终端）设备垂直地面的位置作为终端设备的测量位置。

（4）计量库房采集。采集计量库房特征点坐标，根据特征点坐标推算计量库房中心点坐标。拍摄两张照片：一张全貌照片；一张正门照片。

（5）充电桩采集。采集充电桩的中心点坐标，拍摄一张全貌照片。

（6）分布式电源。采集分布式电源垂直地面的位置作为分布式电源的测量位置，拍摄一张全貌照片。

◇ 4. 数据采录注意事项包括哪些？

数据采录注意事项包括：站内图低压侧、低压综合配电箱柜、低压杆塔、低压导线、低压电缆、低压分支箱、低压表箱、低压电能表八大类。

（1）站内图低压侧。站内低压侧采集时要注意如下事项：出于人员的安全考虑，采集作业组采集时不可擅自进入站房作业，而应该取得相应的工作票，同时在用户的配合下，方可入站采集；进入站房后，不可随意触碰电力设备，采集时须与电力设备相隔 0.3m 以上的距离，需要打开盘柜或拉闸的，则由用户配合处理。

（2）低压综合配电箱柜。 低压综合配电箱柜一般分布在杆上，采集难度较大，采集时须注意如下事项：低压综合配电箱的命名应以现场名称为准，如果现场没有命名的，可与用户单位协商，采用“变压器名称 + 综合配电箱”来命名；采集综合配电箱一次接线图时，不可攀爬杆塔，而应该自带梯子进行采集，采集时与设备的相隔不小于 0.3m。

（3）低压杆塔。低压杆塔坐标采集时外业采集人员必须站在设备旁边，GPS

设备与杆塔之间的距离不能超过 20cm，对低压杆塔名称的采集必须跟现场保持一致，但对现场未命名杆塔的处理方式遵从如下原则：台区下属的全部杆塔或大部分杆塔都未命名，则与用户单位协商采集时的命名规则，以协定规则进行命名，并通知用户尽快将杆号刷上；台区下属的个别杆塔未命名，则先以无名杆 1、无名杆 2……命名，并通知用户尽快将杆号补刷，并由用户把补刷的杆号反馈给实施人员入库。

低压杆塔主要拍摄三部分照片　杆塔全貌、塔头和铭牌，具体要求如下：杆塔全貌：沿杆塔小号侧至大号侧之方向 45° 角拍摄杆塔全貌，对杆塔的全貌及周边主要设施进行最佳角度的拍摄。参数要求：大小在 1024×768 以上，像素不少于 800 万。质量要求：正对杆塔横面拍摄，倾斜角度不超过 15°；杆塔全貌居中显示，不能有遮挡物；照片不可有曝光过度、重影、模糊，光线要充足。

命名规范　杆塔名称 + 杆号 + "_ 全貌"，如水门线 #616-68_ 全貌。数量要求为 1 张。

塔头拍摄规则　对杆塔的塔头进行拍摄，要求接线关系清晰；大小在 1024×768 以上，像素不少于 800 万。

命名规范　杆塔名称 + 杆号 + "_ 塔头"，如水门线 #616-68_ 塔头。

铭牌拍摄规则：对杆塔的杆号牌进行拍摄，要求文字清晰；参数要求为大小在 1024×768 以上，像素不少于 800 万。

命名规范　杆塔名称 + 杆号 + "_ 铭牌"，如水门线 #616-68_ 铭牌。

（4）低压导线。图纸标绘采集时，对线路复杂的片区，应该采用多种颜色的笔，以区分交叉设备；图纸上的线路走向、连接关系须与现场保持一致，为了与电缆线路作区分，低压导线统一用实线表示。

（5）低压电缆。对线路复杂的片区，应该采用多种颜色的笔，以区分交叉设备；为了与低压导线作区分，低压电缆统一用虚线表示。对下地去向不明的电缆，由用户单位的配合处理；对现场电缆管沟明显或架空电缆，标绘应体现电缆的走向，对电缆走向不明，保证接线关系准确，电缆走向以美观或沿房子边沿绘制。

（6）低压分支箱。分支箱与电源点、分支箱与表箱的接线关系必须准确，在核查箱内接线关系时，与带电设备保持 0.3m 以上距离。对现场没有命名的分支箱，则以无名分支箱 1、无名分支箱 2……来表示，并把台区对应的未命名分支箱反馈给用户，由用户负责现场分支箱名称的命名工作，同时把现场名称反馈给实施人员入库。

（7）低压表箱。表箱的采集应以现场为准，要求标注清晰、位置准确，同时考虑以下两种特殊情况：有些电能表并未安装在表箱内，而是直接以单表的形式安装在墙上，此时采集人员应该把安装在同一电源点、5m 以内的单表虚拟成一个表箱，并对该类型的表箱进行备注；采集人员现场采集的时候往往会发现某个位置安装了多架表箱或高层楼宇内的表箱分层安装，造成无法全部绘制的结果，这种情况，一般用表箱的分页显示功能来展示。

（8）低压电能表。外业现场采集的时候，如果有户号，就采集户号，如果没有户号就采集电能表号（即 EP 号），没有电能表号就采集 No 号。

◇ 5. 采集数据整理包括哪些？

采集数据整理包括属性数据整理、照片数据整理两大类。

（1）属性数据整理。所有采集模板标签页的设备参数字段不能随意增加、修改、删除、调整顺序。版所有红色字体的属性，代表为系统中要求的必填项，在收集资料过程中属于不能缺少的属性；黄色背景的属性，代表为数据作业单位必须现场采集的属性；黑色字体的属性，代表需要尽量填写的字段，没有可以不填写；所有标为斜体的属性参数，代表可以从相关业务系统中导出的数据。电缆段、电缆的拐点号应按照起点至终点的方向顺序填写，必须以阿拉伯数字 1 开始。对于同一段电缆段 / 电缆，除了拐点号、经度、纬度、高程外，其他属性参数除了第一行外其余可为空。其中有需要录入“,”的，必须在英文状态下输入“,”。

（2）照片数据整理。对现场无法拍摄照片的，做好相关命名记录以及说明工作，以便在后期数据维护过程中继续完善。

照片内容要与设备一致。照片规格与清晰度要达到数据采集规范要求。照片要照正视的，若不是正视则要求进行旋转。内业整理时，要对外业所拍摄的照片进行重新命名，使照片名称与对应的采集设备名称能够一一对应。其中的“设备名称”包括服务网点名称、用户名称等（没有名称的以安装地址代替），必须与数据成果中的相应设备名称完全一致。

◇ 6. 坐标系要求包括哪些？

成果采用 2000 国家大地坐标系，详细参数如下：地心坐标系为 ITRF97 参考框架，2000.0 历元，2000 国家大地坐标系（China Geodetic Coordinate System 2000）。

2000 国家大地坐标系采用的主要地球椭球参数数值如下：

长半轴　　$a = 6378137\text{m}$

扁率　　$f = 1/298.257222101$

地心引力常数　　$GM = 3.986004418 \times 1014\text{m}3\text{S}\text{-}2$

自转角速度　　$\omega = 7.292115 \times 10\text{–}5\text{rad /s}$

坐标系要求如表 2–1 所示。

表 4–1　　坐标系要求

参数	数值
短半径 b（m）	6356752.31414
极曲率半径 c（m）	6399593.62586
第一偏心率 e	0.0818191910428
第一偏心率平方 e^2	0.00669438002290
第二偏心率 e'	0.0820944381519
第二偏心率平方 e^2	0.00673949677548
1/4 子午圈的长度 Q（m）	10001965.7293
椭球平均半径 R_1（m）	6371008.77138
纬度 45° 的正常重力值 γ45°（伽）	9.8061977695

◇ 7. 精度要求包括哪些?

精度要求详情见表 4–2。

表 4–2　　精度要求

设备类型	精度要求
服务网点	最大误差为 3m，且保证与周边相关参照物的相对地理位置正确
计量箱	
高压用户点	最大误差为 3m，且保证与周边相关参照物的相对地理位置正确
用户专线	用户架空线路采集精度最大误差为 3m，且保证架空线拐点与周边相关参照物的相对地理位置正确； 用户电缆数据采集精度最大误差为 0.3m
用户站房	最大误差为 1m，且保证与周边相关参照物的相对地理位置正确
用户柱上变	最大误差为 1.5m，且保证与周边相关参照物的相对地理位置正确
采集终端	最大误差为 1.5m，且保证与周边电网设备参照物的相对地理位置正确
计量库房	最大误差为 3m，且保证与周边相关参照物的相对地理位置正确
充换电站	最大误差为 3m，且保证与周边相关参照物的相对地理位置正确

续表

设备类型	精度要求
充电桩	最大误差为 1.5m，且保证与周边相关参照物的相对地理位置正确
智能小区 / 智能楼宇	最大误差为 3m，且保证与周边相关参照物的相对地理位置正确
分布式电源	最大误差为 1.5m，且保证与周边相关参照物的相对地理位置正确

◇ 8. 数据单位与格式包括哪些？

经度、纬度坐标单位为十进制度（°），精确到小数点后 8 位数字。平面坐标单位为米（m），精确到小数点后两位。高程单位为米，精确到小数点后两位。

第 3 节 电网资源图形管理系统常见问题解决方案

◇ 1. 如何处理站内出线点局部生成时，提示“无法搜索到出线点拓扑关联的开关”，无法追加系统图形的问题？

问题原因 站内同一间隔下，出线开关与出线点之间的连接关系不存在。

解决方案

第一步 在电网 GIS 系统中使用“快速定位（功能）”定位该出线点。

第二步 将错误的连接线（出线点）删除，然后重新绘制。

第三步 出线开关与出线点的拓扑连通后，即可在系统图内对该出线进行追加。

◇ 2. 如何处理已绘制，但无线变关系的专用变压器图形问题？

问题原因 1 已绘制专用变压器与上级设备拓扑未连通。

解决方案

第一步 使用“快速定位”功能定位该专用变压器。

第二步 使用“拓扑校验”功能找出与该变压器上级线路上未连通设备。

第三步 使用“节点编辑”功能将未连通设备进行连接。

问题原因 2 拓扑连通，但设备属性字段缺失。

第一步 使用“快速定位（功能）”定位该专用变压器。

第二步 使用“框选（功能）”查看设备属性信息。

第三步　查看设备属性信息是否正确，并填写完整。

第四步　若设备属性存在问题，将设备属性修改正确即可。

友情提示　所有设备属性信息缺一不可。

◇ 3. 如何处理在操作计量箱或站外连接线设备时，提示“与所登录账号所属责任区不一致”的问题？

问题原因 1　设备属性中“所属责任区（字段）”为空。

解决方案　依次打开“设备定制编辑—更新责任区—写入责任区（功能）”，更新为正确的责任区即可。

问题原因 2　登录账号与“所属责任区（字段）”不一致”。

解决方案　依次打开“设备定制编辑—更新设备单位（功能）”，将设备更新到账号所属单位。

◇ 4. 如何处理新增计量箱设备时，提示“当前添加设备的 SBID 已存在，请重新填写”，但根据计量箱资产编号查询不到的问题？

操作步骤

第一步　根据用户编号在营销业务应用系统“客户统一视图”查询是否有业扩低压批量新装相关流程，复制业扩工单编号。

第二步　在营销业务应用系统中“我的任务—查询工作单—输入申请编号（功能）”进行查询，点击流程中客户空间及拓扑关系维护环节，查看是否已绘制计量箱，但未图形发布，如未发布，点击图形发布。

第三步　完成上述步骤后，即可在电网 GIS 系统查询到该计量箱。

◇ 5. 如何处理图形叠加的问题？

操作步骤

第一步　核实现场位置坐标信息。

第二步　如果位置信息错误，利用“移动（功能）”把目标图形移到正确位置。

第三步　如果位置信息正确的话，图形依旧存在叠加问题，则把重合图形错位绘制，方便后期维护与辨别。

◇ 6. 如何处理未生成线变关系的问题？

未生成线变关系主要是因为线路拓扑不连通，原因大致有以下 4 点。

问题原因 1　开关类设备的常开状态有误，如图 4-49 所示。

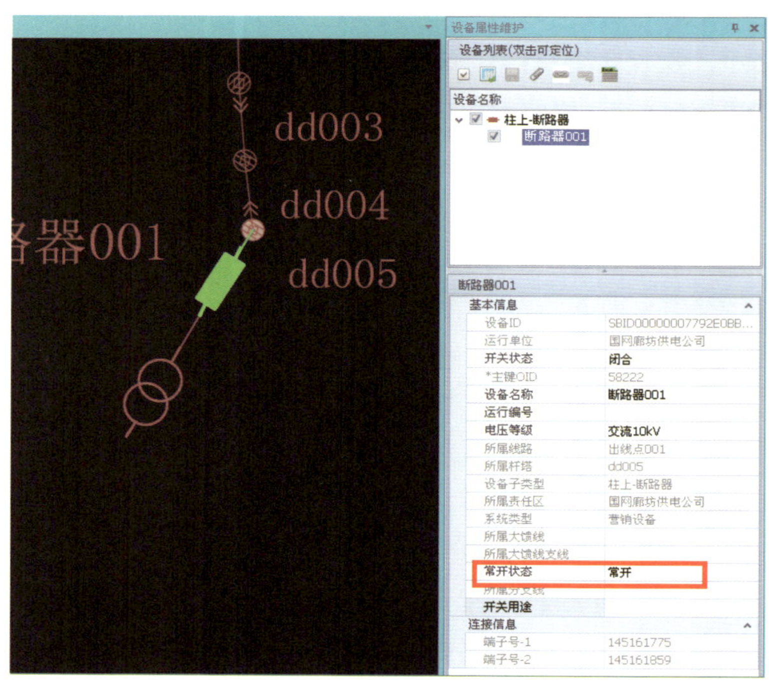

图 4-49　电网图形管理—设备属性维护—常开状态

解决方案　将“常开状态(字段)”通过“开关置数”功能更改为“常闭”即可。

问题原因 2　变压器为孤立设备，无法追溯到主变压器，如图 4-50 所示。

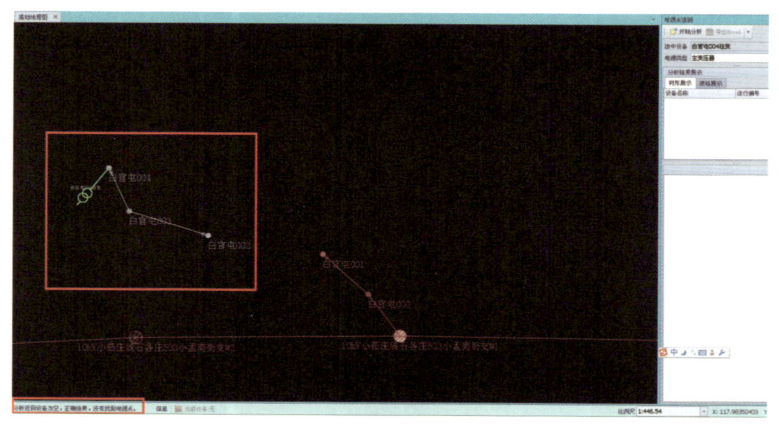

图 4-50　电网图形管理—基础地理图—电源点追溯

解决方案　按现场实际连接方式，将孤立设备与其所属线路上的其他设备相连，如图 4–51 所示。

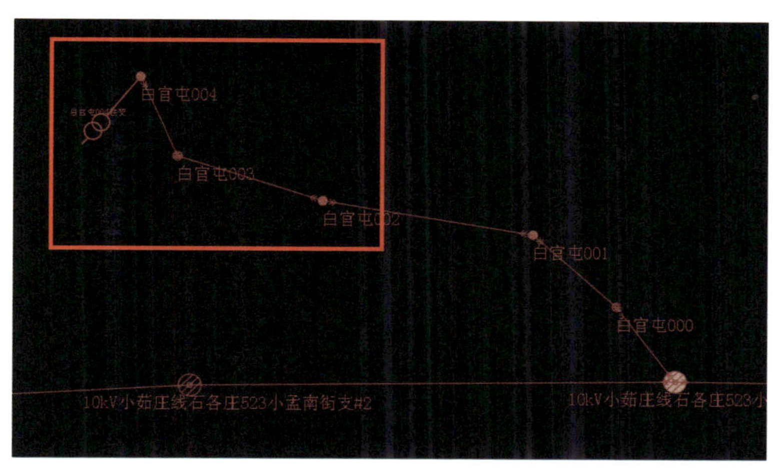

图 4–51　电网图形管理—孤立设备与其所属线路上的其他设备相连

问题原因 3　变压器与变电站或开关站之间没有实体设备，全部用站外超连接线相连，如图 4–52 所示。

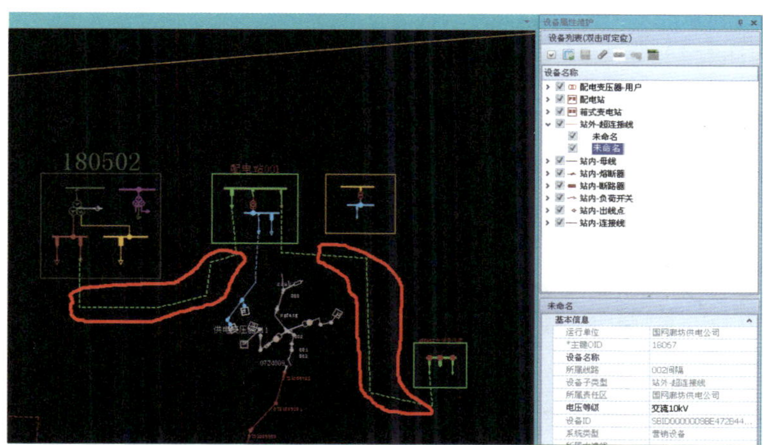

图 4–52　电网图形管理—设备属性维护—设备列表—超链接线

解决方案　站房之间不能只用超连接线相连，应该根据现场实际情况补充电缆（架空）线路，如图 4–53 所示。

友情提示　站外超连接线为虚拟设备，无法追溯。

问题原因 4　变压器台账中“是否代维（字段）”为“是”。

解决方案　需要在 PMS 系统通过设备变更流程将“是否代维”修改为“否”。

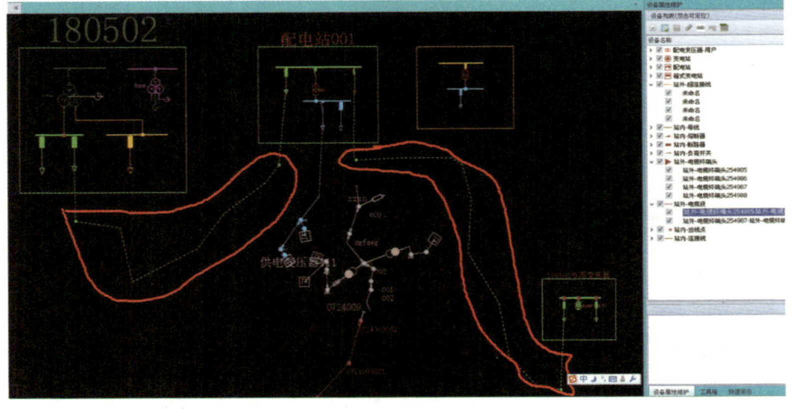

图 4-53　电网图形管理—设备属性维护—设备列表—电缆段

◇ 7. 如何处理生成错误的线变关系问题？

专用变压器的线变关系生成错误主要是因为线路串线，原因大致有以下两点。

问题原因 1　两条不同的馈线或主线之间的开关类设备，常开状态有误，如图 4-54、图 4-55 所示。

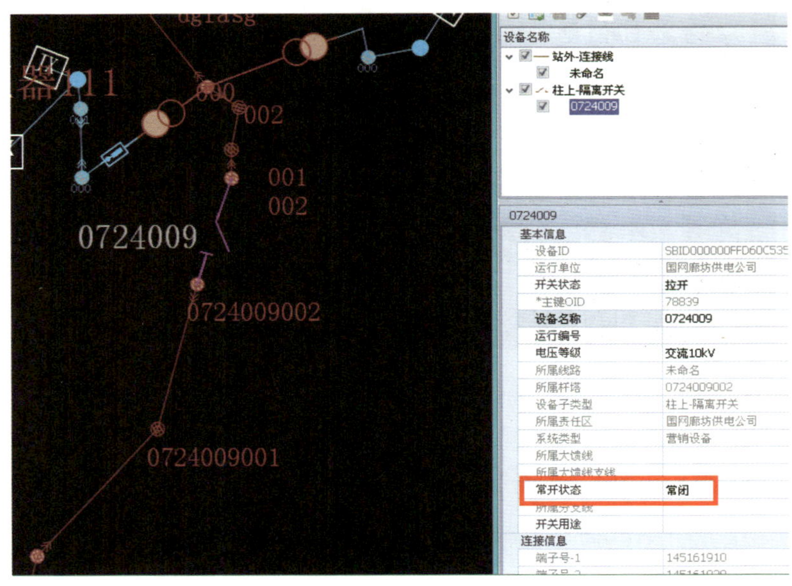

图 4-54　电网图形管理—设备属性维护—常开状态

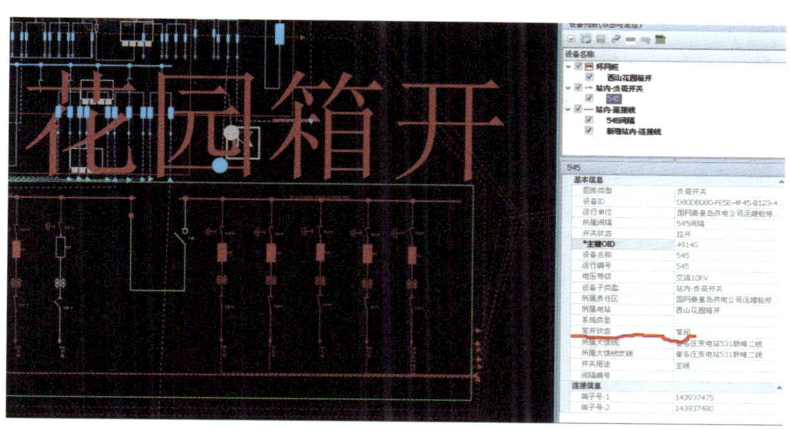

图 4-55　电网图形管理—设备属性维护—常开状态

解决方案　通过“开关置数”功能将“常开状态”改为“常开”即可。

问题原因 2　定位整条馈线或主线，出现许多飞点且与其他线路相连，如图 4-56、图 4-57 所示。

解决方案

第一步　修改飞点的所属线路，使其与相连设备的所属线路一致。

第二步　定位整条馈线或主线，所有高亮设备应全部框连，如图 4-58 所示。

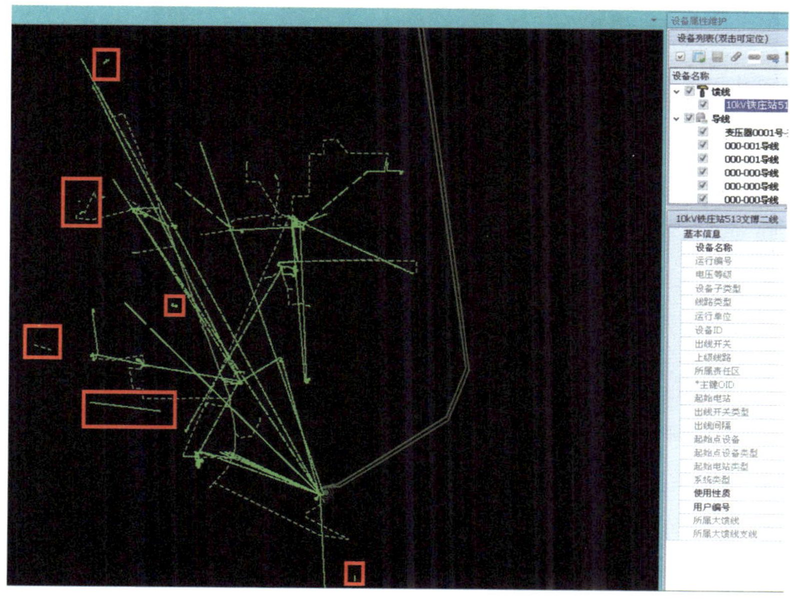

图 4-56　电网图形管理—设备属性维护—馈线

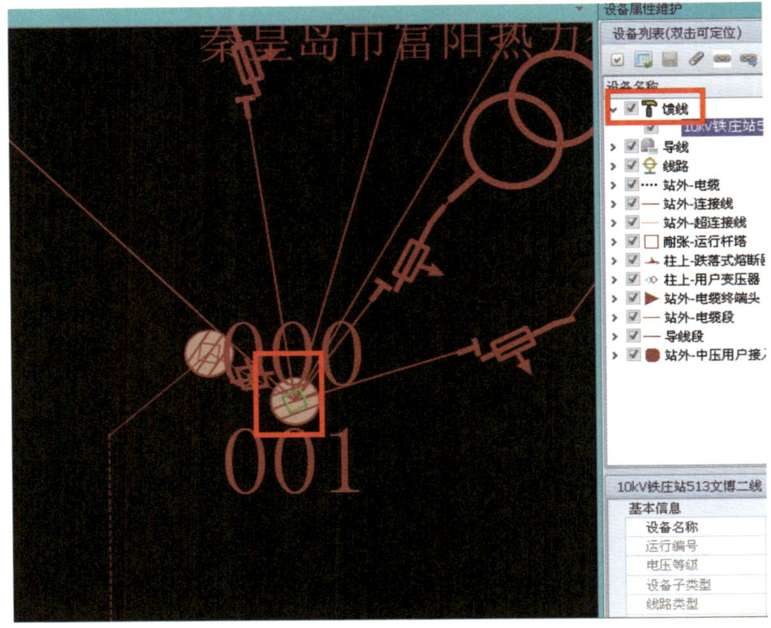

图 4-57　电网图形管理—设备属性维护—馈线

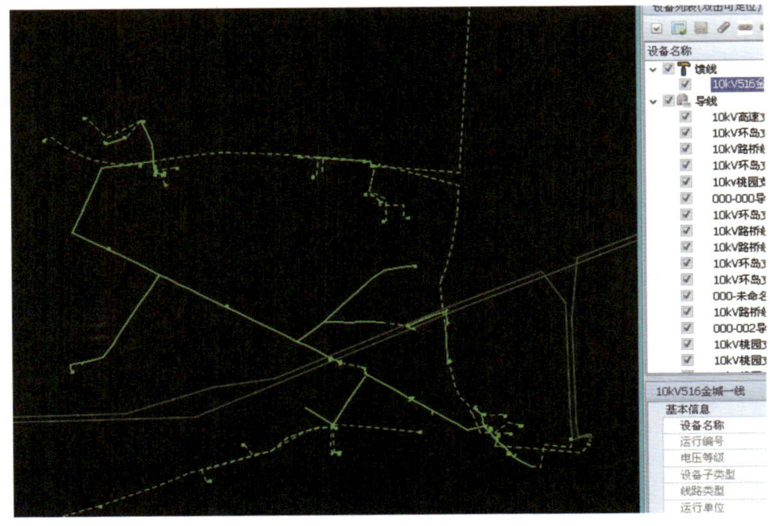

图 4-58　电网图形管理—设备属性维护—馈线

友情提示　当天修改的数据要第二天才能查看改后的线变关系，且只有当变压器发生改变后才可触发增量分析，生成新的线变关系。

第 4 节　数据维护范围

◇ 1. 电站的数据维护范围有哪些?

电站类型为变电站、开关站（含代维变电站），且设备 id、电压等级、设备名称不为空的所有数据。

◇ 2. 线路的数据维护范围有哪些?

线路类型为变电站、开关站出线（公线为 35kV 以下，专线不区分电压等级），且设备 id、电压等级、设备名称，起始电站，起始电站类型不为空且设备 id 不重复的所有数据。

◇ 3. 出线开关的数据维护范围有哪些?

设备 id、设备名称、电压等级、设备子类型不为空的站内开关（包括站内—断路器，站内—熔断器，站内—负荷开关及站内—隔离开关）。

◇ 4. 变压器的数据维护范围有哪些?

设备 id、电压等级、设备名称不为空，且设备 id 不重复的柱上变压器、配电变压器、用电高压电动机，站内—高压电动机，主变压器。

◇ 5. 接入点的数据维护范围有哪些?

设备 id、设备名称，所属线路不为空的所有存在挂接关系的接入点。

◇ 6. 计量箱的数据维护范围有哪些?

设备 id 不为空的所有存在挂接关系的计量箱。

附录A 电网企业营配调协同作业常用概念

第1部分　通用概念

◇ 1. 线路分类有哪些?

按专业分为输电线路和配电线路，输电线路主要指电压等级35kV及以上的线路，配电线路主要指20kV及以下的线路。按架设方式分为架空线路、电缆线路和混合线路，架空线路主要指架空明线，一般架设在地面之上；电缆线路主要指埋设暗线，一般埋设在电缆井和地下；混合线路是由架空和电缆两种方式组成的混合架设线路。

◇ 2. 什么是输电线路?

主要是指从变电站、发电厂、开关站等出线间隔为开始、35kV站房入线间隔为终点的用于传输高压电流的输电设备。输电线路主要分为架空输电线路、电缆线路和混合输电线路。

◇ 3. 什么是配电线路?

是指从降压变电站把电力送到配电变压器或将配电站房的电力送到用电单位的线路，一般表示10kV馈线及以下配电变压器以下低压线路。配电线路主要分为架空配电线路、电缆线路和混合配电线路。

◇ 4. 什么是母线?

是电站输送电能用的总导线。母线将装置中的各个载流分支回路连接在一起，起着汇集、分配和传送电能的作用。

◇ 5. 什么是馈线?

是指从变电站出线间隔到下一个站房入线间隔之间的10kV线路。变电站出线的未经过 10KV 中压站房的所有设备，在“所属线路”中属于同一个“馈线”。

◇ 6. 什么是架空线路？架空线路设备有哪些？

架空线路是指档距超过 25m、利用杆塔敷设的高、低压电力线路。架空线路的主要部件有导线和避雷线（架空地线）、杆塔、绝缘子、金具、杆塔基础、拉线和接地装置等。

◇ 7. 什么是主线？

是指从开关站出线间隔到下一个站房入线间隔之间的 10kV 线路。10KV 站房出线的未经过其他的 10KV 中压站房的所有设备，在“所属线路”中属于同一个“主线”。

◇ 8. 什么是导线？什么是导线的组成？

一般指架空线路，是架空线路的主要组成部分。两个直线杆塔之间的架空线路称为导线段，两个耐张杆塔之间的架空线路称为一条导线，导线由导线段组成，架空线路由导线组成。

◇ 9. 什么是导线段？

一般是指导线的组成部分，两个直线杆塔之间的架空线路称为导线段。

◇ 10. 什么是地线？

架设在导线上方的杆塔顶部并接地的金属线，用以防止雷电直击导线，保证线路安全送电。

◇ 11. 什么是杆塔？

杆塔是架设电线用的支柱的总称。多为木头、钢筋混凝土或钢铁制成，有单杆、双杆、A 型杆和铁塔等不同形状。杆塔分为直线杆塔和耐张杆塔，每种杆塔根据功能和材质不同，作用和使用环境也不同。

◇ 12. 什么是光缆？

用单根光纤、多根光纤或光纤束制成的满足光学特性、机械特性和环境性能指标要求的光缆结构。

◇ 13. 什么是电缆？什么是电缆段？

电缆，是用来传送电力或信号电流、信号电压的，覆有绝缘层、保护层、屏蔽层等的导体，是电缆线路的主要组成部分。两个电缆终端头之间的线路称为电缆段，电缆段组成电缆线路。

◇ 14. 电缆线路设备包括哪些？

电缆线路设备包括电缆段、电缆中端、电缆分支箱、电缆 T 接头、电缆终端站、导引电缆（回流线）段、导引电缆（回流线）终端、导引电缆（回流线）接头、导引电缆（回流线）、电缆。

◇ 15. 什么是电缆终端？

安装在电缆末端、保证与系统的其他部分电气连接并保持连接点绝缘的设备。

◇ 16. 什么是电缆接头？什么是电缆终端头？

电缆接头又称电缆头。电缆铺设好后，为了使其成为一个连续的线路，各段线必须连接为一个整体，这些连接点就称为电缆接头。电缆线路中间部位的电缆接头称为中间接头，而线路末端的电缆接头称为终端头。

◇ 17. 什么是电缆分支箱？具有什么作用？

电缆分支箱仅作为电缆分支使用，电缆分支箱的主要作用是将电缆分接或转接，主要起电缆分接作用和电缆转接作用。

◇ 18. 什么是低压线路？

低压线路是指台区配电变压器出线线路，通常为居民供电线路，额定电压一般为 1kV 及以下。低压线路包括低压架空线路、低压架空绝缘线路、低压电缆线路和室内配电线路，用于直接向低压用电设备输送电能，是低压配电系统（见低压配电）的重要组成部分。低压线路可以从公用低压配电网接入，通过低压配电室引出，也可以由用户自备的变配电室的低压配电装置引出。

◇ 19. 什么是低压架空线路？

低压架空线路，一般指台区配电变压器（柱变）以下的架空线路，额定电压一般为 1kV 及以下，是将导线架设在电杆上的低压线路。

◇ 20. 什么是低压接地线？

低压接地线主要用于低压线路及高于线路和电气设备停电检修中的二次防护，防止检修线路中的感应电压伤害，为安检人员提供了可靠的保障。

◇ 21. 什么是低压电缆线路？

低压电缆线路，一般指台区配电变压器（配电室、箱式变电站等）以下的电缆设备，额定电压一般为 1kV 及以下。低压电缆线路也属于低压线路。

◇ 22. 什么是低压母排接地线？

低压母排接地线是排接地线的一种，分为变电用接地线、380V 接地线等种类。使用时应先接地，再接电，这样是导线连接，接线线夹和铜线及接地线夹形成一个接地回路。

◇ 23. 什么是地理信息？

指表征地理圈或地理环境各要素的数量、分布特征、联系和规律的数字、文字、图像和图形等的总称。

◇ 24. 什么是地理信息系统？

是由计算机硬、软件系统和不同的方法组成的系统，该系统支持空间数据的采集、储存、管理、运算、分析、显示和建模，以便解决复杂的规划和管理问题。

◇ 25. 什么是地理数据？

是与地理环境要素有关的物质的数量、质量、分布特征、联系和规律的数字、文字、图像和图形等的总称。

◇ 26. 什么是空间数据？

地理现象的空间位置及其相互关系，其数据称为空间数据。

◇ 27. 什么是空间特征？

是指空间对象的位置及与相邻对象的空间关系或拓扑关系。

◇ 28. 什么是属性数据?

地理现象的名称、类型和数量等，其数据称为属性数据。

◇ 29. 什么是矢量数据?

用欧氏空间的点、线、面等几何元素来表达实体的几何特征的数据。

◇ 30. 什么是电网拓扑数据?

反映电网设备与设备之间关系的模型关系数据，电网拓扑数据通过图形数据维护操作自动进行维护。

◇ 31. 什么是栅格数据?

将空间分割成有规则的网格，在各个网格上给出相应的属性值来表示空间实体的一种数据组织形。

◇ 32. 什么是空间网络分析?

以点线二元关系形成的系统，用来模拟一种物体或物质在路径上的运动情况。

◇ 33. 什么是 GIS 的空间分析?

是以地理事物的空间位置和形态特征为基础，以空间数据运算、空间数据与属性数据的综合运算为特征，提取与产生新的空间信息的技术和过程。

◇ 34. 什么是常规地图?

通常是指印刷在纸张，熟料薄膜等材质载体上的地图，是 GIS 产品的重要输出形式。

◇ 35. 什么是数字地球?

是用数字化的形式对地球表层及其空间甚至于地表以下某些特征的一种抽象描述的模型，是地球诸要素信息的数字集合。

◇ 36. 什么是函数依赖?

表征一个属性或属性集合的值对另一个属性或属性集合的值的依赖。

◇ 37. 什么是空间决策支持?

是应用空间分析的各种手段对空间数据进行处理变换，以提取隐含于空间数据中的某些事实和关系，并以图形和文字的形式直接地加以表达，为现实世界中的各种应用提供科学、合理的决策支持。

◇ 38. 什么是 R 图的优化原则?

实体类型个数尽可能少；实体类型所含属性尽可能少；实体类型间联系无冗余。

◇ 39. 什么是空间数据库引擎?

使空间数据可在工业标准的数据库管理系统中存储、管理和快速查询检索的客户 / 服务器软件。它将空间数据加入到扩展关系数据库管理系统中，并提供对空间、非空间数据进行有效地管理、高效率操作与查询的数据库接口。

◇ 40. 什么是中压接入点?

中压接入点是用来隔离运检设备和营销设备的虚拟设备，由运检人员绘制的，没有台账信息。中压用户接入点一般挂接在 10kV 线路上，用户专有变压器挂接在中压接入点。

◇ 41. 什么是台区?

台区是指一台变压器的供电范围区域，每个台区有唯一编号。

◇ 42. 什么是箱表关系?

计量箱与低压电能表的关联关系，正常情况下每个电能表都有其所关联的计量箱，且只关联一个计量箱，每一个计量箱都与一个或多个电能表关联。

◇ 43. 什么是电力营销?

以满足人们的电力消费需求为目的的基本活动。电力营销将电能产品作为生产要素和生活必需品，通过客户服务行为提供给全社会，具有很强的政策性、社会性和服务性。

◇ 44. 什么是线损? 产生线损的原因有哪些?

线损，是指电能通过输电线路传输而产生的能量损耗。

产生线损的原因有多种，包括线路规划欠佳、导线型号选用不佳、设备老化、设备不配套、传输线路三相不平衡等。

◇ 45. 什么是用户？

用户是指某种技术、产品或服务的使用者。对电力供应而言，用户即为电能产品的消费者。任何单位或个人要使用电能，都需要向供电企业提出申请，并依法办理相关手续且签订供用电合同后，才可成为用户，又称客户。电力用户分为高压用户、低压用户、双（多）电源用户、专线用户、专用变压器用户、临时用户、季节性用户、转供电用户、居民生活用户、非居民照明用户、商业用户、非工业用户、普通工业用户、大工业用户、农业生产用户、贫困县农业排灌用户、重要用户等。

◇ 46. 什么是用电类别？

根据用户用电行为（或属性）进行的用电性质归类。用电类别一般与销售电价分类相对应，便于政府部门管理、供电企业执行及电力用户认知。长期以来，中国的用电类别比较复杂，采用以用电用途为主的方法进行分类，主要有大工业用电、普通工业用电、非工业用电、居民生活用电、非居民照明用电、商业用电、农业生产用电等几大类。

◇ 47. 什么是标准地址？

指用户的所在地址，分为三级，一级为省、市、区（县）；二级为街道办事处 / 乡镇，居委会 / 行政村，街巷；三级为小区 / 门牌号码。

◇ 48. 什么是计量点？

电力系统中应计量电能并安装电能计量装置的位置。

◇ 49. 什么是电源？

装有变压器和电子电路，能将电功率转换成单个或多个功率输出的电子装置。

◇ 50. 什么是受电点？

用户受电装置所处的位置。

◇ 51. 什么是电价?

对电力电量进行贸易结算的货币表现形式。在垂直一体化的模式下，电价由政府制定，一般根据成本加合理利润计算得出。在市场环境下，电价受供求关系的影响，围绕着电力商品价值上下波动。

◇ 52. 什么是电费核算?

对电量及电费进行核查、计算、复算及审核。电费核算是对抄表读数进行复核后，根据供用电合同确定的用电容量及电价进行电量及电费计算，并对电费计算结果进行审核处理的过程，也是电量电费发行前的最后一个检验环节。

◇ 53. 什么是窃电?

采用不正当手段，使供电企业的电能计量装置不记录或少记录电量的用电行为。

◇ 54. 什么是电能表“抄表段”?

指对用电客户和考核计量点进行抄表的一个管理单元。

◇ 55. 什么是电能表指数?

电能表记录或显示的数据，是计算电费的依据。

◇ 56. 什么是专用线路?

简称“专线”，指专门供单一专有用户使用的供电线路，一般由该专有用户投资并使用，具有较高的供电可靠性。线路资产属于用户，并由用户维护。

目前，营配贯通中专线以运检的定义为主。

第 2 部分　SG186 工程营销业务应用系统常用概念

◇ 1. 业扩流程

（1）与客户用电申请相关的流程。业务包括以下几个部分。

1）减容：业扩流程，减少合同约定的用电容量。

2）暂停：业扩流程，暂时停止部分或全部受电设备。

3）暂换：业扩流程，临时更换大容量变压器。

4）迁址：业扩流程，迁移受电装置地址。

5）移表：业扩流程，移动计量装置位置。

6）暂拆：业扩流程，暂时停止用电并拆除计量装置。

7）更名或过户：业扩流程，改变客户名称。

8）分户：业扩流程，一户分为两户或以上。

9）并户：业扩流程，两户或以上合并为一户。

10）销户：业扩流程，终止用电。

11）改压：业扩流程，改变供电电压等级。

12）改类：业扩流程，改变用电类别。

13）增容：业扩流程，增加合同约定的用电容量。

14）高压新装：申请供电电压等级为 10kV 及以上的用户新装业务。

15）高压增容：在原有的基容量基础上增加需要的容量。

16）低压新装：申请供电电压等级为 380（220）伏的用户新装业务；包含：低压居民新装、低压非居民新装、低压批量新装等。

（2）业务流程图。

1）低压批量新装业务流程如附图 A-1 所示。

2）高压新装业务流程如附图 A-2 所示。

3）销户业务流程如附图 A-3 所示。

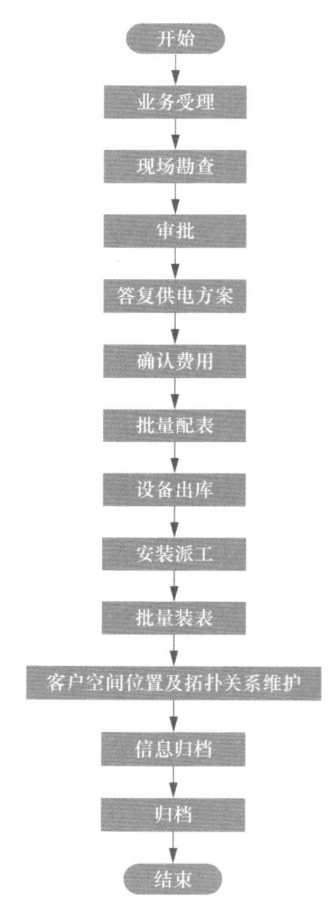

附图A-1　低压批量新装业务流程图

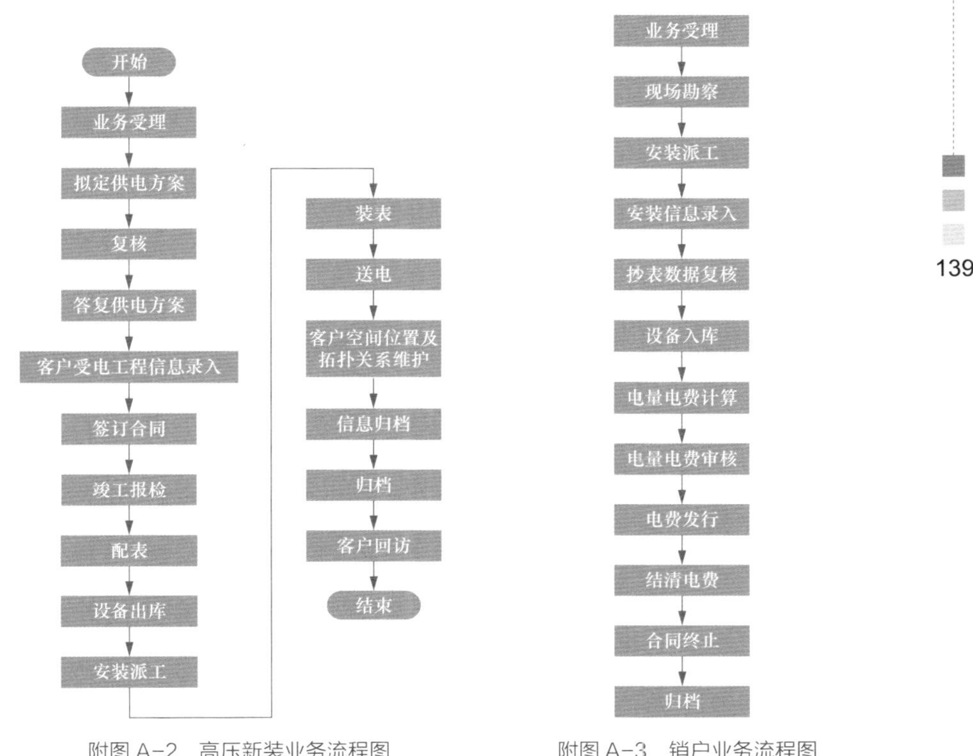

附图 A-2　高压新装业务流程图

附图 A-3　销户业务流程图

◇ 2. 计量换表流程

（1）计量换表业务介绍。

1）计量装置故障。该流程为内部报办、客户报办的各种计量装置故障的处理流程。

2）周期轮换执行。根据《供电营业规则》第七十九条规定，供电部门必须按规定周期校验、轮换计费电能表；依据国家技术管理规定，高压计量三相表轮换周期一般 3 ~ 4 年，低压计量的三相电表轮换周期为 4 ~ 6 年，低压单相电能表的轮换周期为 6 ~ 10 年，为保证电能表的计量准确性，根据国家有关规定，供电部门会对电能表进行定期更换。

（2）业务流程图。

1）计量装置故障业务流程如附图 A-4 所示。

2）周期轮换执行业务流程如附图 A-5 所示。

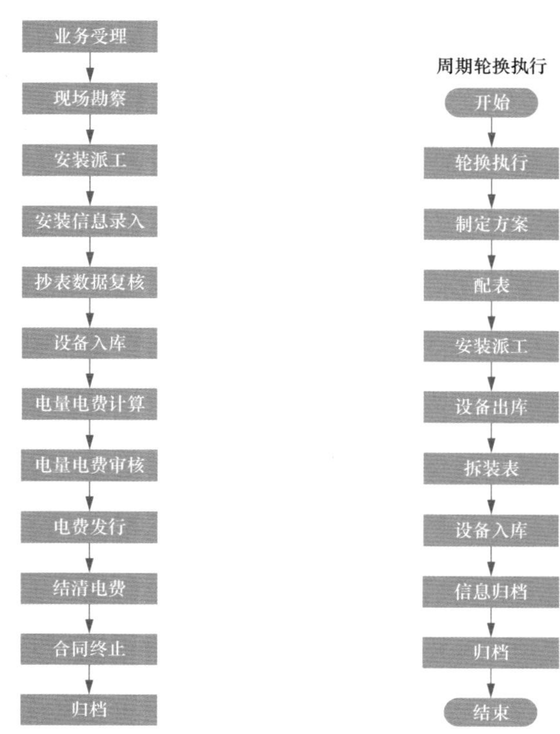

附图 A-4 计量装置故障业务流程图　　附图 A-5 周期轮换执行业务流程图

◇ 3. 用户信息修改流程

（1）业务介绍。批量修改线路台区。根据现场业务要求，当一个或多个低压用户更改所属台区，或高压用户修改所属线路时，需通过批量修改线路台区功能进行调整。

（2）业务流程图。批量修改线路台区业务流程如附图 A-6 所示。

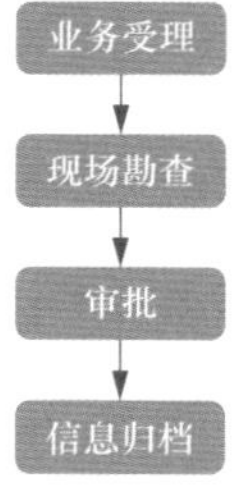

附图 A-6 批量修改线路台区业务流程图

第 3 部分　设备（资产）运维精益管理系统常用概念

◇ 1. 图数不一致

“图数不一致”包含以下 4 种情况：

（1）设备有台账无图形、有图形无台账。

（2）设备有图形无铭牌、有铭牌无图形，图形与铭牌关联错误。

（3）设备有台账无铭牌、有铭牌无台账。

（4）设备图形、台账与铭牌名称不一致。

◇ 2. 台账完整性

检验台账字段完整性包括以下内容：

（1）必填字段（型号、维护班组等）是否维护完整。

（2）关键字段（供电区域等）是否维护完整。

（3）检验台账（线路长度、容量异常）字段逻辑是否准确、规范。

◇ 3. 台账准确性

所填字段内容是否与现场对应。

◇ 4. 数据一致性

检验 PMS 系统与营销业务应用系统变电站、馈线、配电变压器、低压线路、接入点等关键字段数据是否一致。

◇ 5. 线变关系

当柱上变压器和配电变压器图形确认绘制完成，图形端后台会根据图形拓扑关系，将馈线、开关站出线与变压器关联，生成线变关系。

◇ 6. 单线图

以单条配网线路（大馈线）为单位，采用一定布局算法自动生成的从变电站出线到配电变压器、线路联络开关、线路终端设备之间的线路相关所有设备的示意专题图形。线路及其相关设备采用正交布局算法进行无交叉重叠布局。

◇ 7. 站间联络图

以变电站为单位，由当前变电站出线及其相关联络线路组成的供电范围。变电站供电范围按照辐射、闭合、环网等联络方式自动划分为多个供电区域，每个供电区域对应一幅区域系统图，其目的是按供电范围划分网架，降低单幅图形的复杂度，便于图形的维护和应用，同时起导航作用，方便定位并浏览区域系统图。

◇ 8. 区域系统图

区域系统图主要用于展示辖区中供电范围的联络关系，根据一定的布局规则，采用布局算法自动生成。区域系统图上一般只生成线路主干设备和站内间隔，并对线段进行简化合并，减小图形生成和维护的难度，提高图形的实用性，便于生产和抢修快速浏览，提高工作效率。

◇ 9. 站室图

以开关站、环网单元和带环网作用的配电室、箱式变电站等站房为单位，通过生成站房内部接线和出线的联络情况，直观展示站房供电范围的专题图形。

◇ 10. 低压台区图

以台区为单位，展示变压器供电范围内的所有低压设备，以及台区范围内线路统计信息、容量信息等内容的专题图。

第 4 部分　电网资源图形管理系统常用概念

◇ 1. 飞点飞线

在电网 GIS 系统中绘制不规范，末端设备图形拓扑与上级设备图形拓扑距离超过正常范围，连接线绘制过长或某设备与其上级设备所在图形位置距离超过正常范围，故为飞点飞线。如附图 A–7 所示。

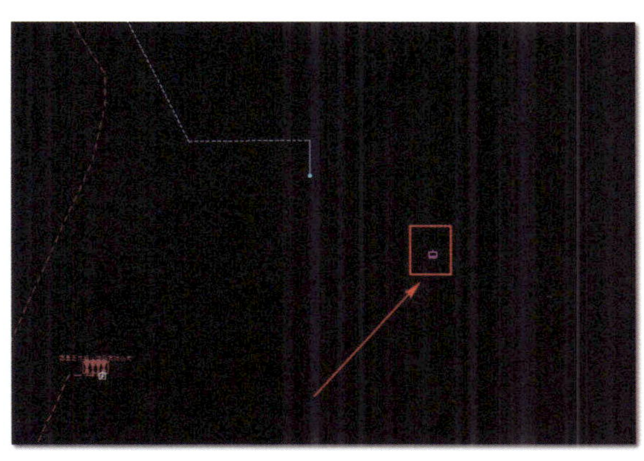

附图 A-7　飞点飞线

◇ 2. 拓扑连接不通

线路与站内出线点不连通、站内（线路）开关未闭合、站内连接线未连通、线路（站内设备）存在断点等均称为拓扑连通不通。

◇ 3. 孤岛设备

图形拓扑连接不通，某单一设备未与其他设备进行拓扑连接，故为孤岛设备。

◇ 4. 图形叠加

多个设备位置（坐标）相同或图元绘制有重叠，故为图形叠加。
（详见“附图 A-8 图形叠加—计量箱”）

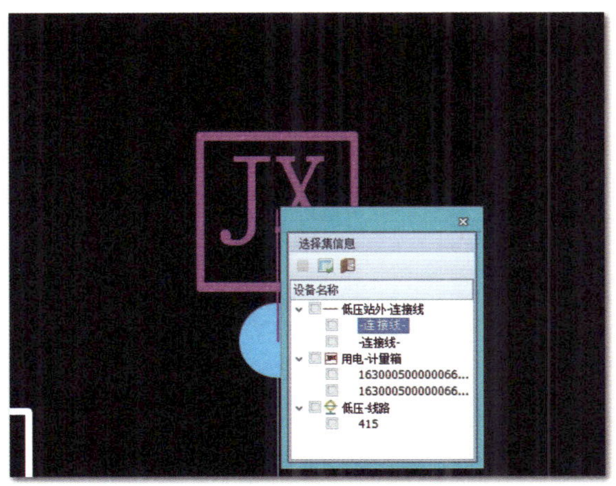

附图 A-8　图形叠加—计量箱

5. 系统图

为了达成目标或解决问题，以“目的—方法或结果—原因”层层展开分析，以寻找最恰当的方法和最根本的原因，此故为系统图。

6. 虚拟设备

虚拟设备是系统中存在的，现场不存在的设备，如（连接线、虚拟连接点），称为虚拟设备。

电网企业营配调协同作业常用设备

◇ 1. 电厂

将某种形式的原始能转化为电能以供固定设施或运输用电的动力厂，本规范指已经投运的电厂。

◇ 2. 变电站

变电站是指电力系统中对电压和电流进行变换，接受电能及分配电能的场所。在发电厂内的变电站是升压变电站，其作用是将发电机发出的电能升压后馈送到高压电网中。

◇ 3. 用户变电站

是由特殊负荷或较大负荷用户出资投资建设的变电站房。用户变电站的操作与维护归用户使用。

◇ 4. 箱式变电站

箱式变电站，又叫预装式变电所或预装式变电站。是一种高压开关设备、配电变压器和低压配电装置，按一定接线方案排成一体的工厂预制户内、户外紧凑式配电设备，即将变压器降压、低压配电等功能有机地组合在一起，安装在一个防潮、防锈、防尘、防鼠、防火、防盗、隔热、全封闭、可移动的钢结构箱，特别适用于城网建设与改造，是继土建变电站之后崛起的一种崭新的变电站。箱式变电站适用于矿山、工厂企业、油气田和风力发电站，它替代了原有的土建配电房，配电站，成为新型的成套变配电装置。

◇ 5. 换流站

换流站是指在高压直流输电系统中，为了完成将交流电变换为直流电或者将直流电变换为交流电的转换，并达到电力系统对于安全稳定及电能质量的要求而建立的站点。

◇ 6. 串补站

实现电力系统输电线路串联补偿的电力设施。一般用于 220kV 及以上的交流输电线路中，主要作用是提高线路输送功率极限和改善电力系统的稳定性，通常与变电站或开关站合建。串补站中最重要的设施是串补装置。根据补偿阻抗特点的不同，串补装置分为固定串联补偿装置和可控串联补偿装置两类，前者补偿度固定不变，后者补偿度可通过晶闸管灵活调节。固定串联补偿装置包含的主要设备有串联电容器、阻尼元件、金属氧化物避雷器（MOV）、火花放电间隙、电流互感器等；可控串联补偿装置除上述设备外还有晶闸管阀及其回路电抗器等。

◇ 7. 开关站

主要起转输作用，也叫开闭所。建在城市主要道路的路口附近、负荷中心区和两座高压变电站之间，汇集若干条变电站 10KV 出线作为电源，以相同电压等级向用户供电的开关设备的集合，并且具有出线保护。

◇ 8. 开关柜

开关柜的主要作用是在电力系统进行发电、输电、配电和电能转换的过程中，进行开合、控制和保护用电设备。开关柜内的部件主要有断路器、隔离开关、负荷开关、操作机构、互感器以及各种保护装置等组成。

◇ 9. 环网柜

所谓“环网柜”就是每个配电支路设一台开关柜（出线开关柜），这台开关柜的母线同时就是环形干线的一部分。就是说，环形干线是由每台出线柜的母线连接起来共同组成的。每台出线柜就叫“环网柜”。实际上单独拿出一台环网柜是看不出“环网”的含义的。

◇ 10. 配电室

配电室是指带有低压负荷的室内配电场所，主要为低压用户配送电能，设有中压进线（可有少量出线）、配电变压器和低压配电装置。10kV 及以下电压等级设备的设施，分为高压配电室和低压配电室。高压配电室一般指 6~10kV 高压开关室；低压配电室一般指 10kV 或 35kV 站用变压器出线的 400V 配电室。

◇ 11. 电气类设备

电气设备是在电力系统中对发电机、变压器、电力线路、断路器等设备的统称。

◇ 12. 变压器

变压器是利用电磁感应的原理来改变交流电压的装置，主要构件是一次绕组、二次线圈和铁心（磁芯）。主要功能有电压变换、电流变换、阻抗变换、隔离、稳压（磁饱和变压器）等。

◇ 13. 主变压器

主变压器是变电站中主要用于输变电的总降压变压器，也是变电站的核心部分。

◇ 14. 柱上变压器

安装在电杆上的户外式配电变压器。一般挂接在 10kV 配网线路上的配电变压器设备。

◇ 15. 配电变压器

配电变压器，指配电系统中根据电磁感应定律变换交流电压和电流而传输交流电能的一种静止电器。有些地区将 35kV 以下（大多数是 10KV 及以下）电压等级的电力变压器，称为“配电变压器”。安装“配电变压器”的场所，即是变电所。配电变压器宜采用柱上安装或露天落地安装。

◇ 16. 专用变压器

一般由业主投资，电力部门代管，只供投资的业主自己使用，如安装在大中型企业的变压器等。

◇ 17. 架空线路设备

架空线路设备包括：导线、地线、杆塔、光缆、柱上变压器、柱上断路器、柱上负荷开关、柱上隔离开关、柱上重合器、柱上跌落式熔断器、线路避雷器、线路故障指示器、柱上电容器、柱上电压互感器、柱上电流互感器、柱上组合互感器、柱上分段器、柱上调容变压器、自动调压器、分段线路、导线段、虚拟分界点。

◇ 18. 电气一次设备

直接与电能通过的电路相连接的电气设备。

◇ 19. 保护电器

用来保护电路和电气设备，使其免遭过电流或过电压危害的电气设备，如熔断器、避雷器等。

◇ 20. 断路器

断路器是指能够关合、承载和开断正常回路条件下的电流并能在规定的时间内关合、承载和开断异常回路条件下的电流的开关装置。断路器按其使用范围分为高压断路器与低压断路器，高低压界线划分比较模糊，一般将 3kV 以上的称为高压断路器。

◇ 21. 柱上断路器

柱上断路器是指在电杆上安装和操作的断路器。各种断路器的力量研究水平和制造技术都有了长足的发展，真空断路器不仅仅限于中压电网，而是朝着高电压、大容量方向发展，六氟化硫断路器随有许多优点，如开段能力强、连续开断次数多、可频繁操作、操作噪声小、无火灾危险等，是一种很好的无油化设备。

◇ 22. 自动重合闸

是一种反事故装置，当断路器因保护装置动作或自身误动作而跳闸时，能自动进行断路器重合的装置。

◇ 23. 重合器

重合器是一种自具控制和保护功能的新型智能化高压开关设备，它实际上是配备了自动控制装置的断路器。

◇ 24. 柱上重合器

是一种自具控制（即本身具备故障电流检测和操作顺序控制与执行功能，无需提供附加继电保护和操作装置）及保护功能的高压开关设备；它能够自动检测通过重合器主回路的电流，故障时按反时限保护自动开断故障电流，并依照预定的延时和顺序进行多次地重合。

◇ 25. 熔断器

熔断器是指当电流超过规定值时，以本身产生的热量使熔体熔断，断开电路的一种电器。熔断器是根据电流超过规定值一段时间后，以其自身产生的热量使熔体熔化，从而使电路断开；运用这种原理制成的一种电流保护器。熔断器广泛应用于高低压配电系统和控制系统以及用电设备中，作为短路和过电流的保护器，是应用最普遍的保护器件之一。

◇ 26. 跌落式熔断器

跌落式熔断器是 10kV 配电线路分支线和配电变压器最常用的一种短路保护开关，它具有经济、操作方便、适应户外环境性强等特点，被广泛应用于 10kV 配电线路和配电变压器一次侧作为保护和进行设备投、切操作之用。

◇ 27. 线路避雷器

线路避雷器用于 6~220kV 交流输变电线路，是为了限制线路雷电过电压，提高线路耐雷水平，是降低系统因雷击故障引起的跳闸率专门设计的一种悬挂安装于输电杆塔上的新型避雷器。

◇ 28. 避雷针

避雷针，又名防雷针、接闪杆，是用来保护建筑物、高大树木等避免雷击的装置。在被保护物顶端安装一根接闪器，用符合规格导线与埋在地下的泄流地网连接起来。

◇ 29. 开关电器

用来隔离电路形成断点，或用来分、合负荷电流和短路电流的设备。

◇ 30. 隔离开关

隔离开关是一种主要用于“隔离电源、倒闸操作、用以连通和切断小电流电路”，无灭弧功能的开关器件。

◇ 31. 柱上隔离开关

柱上隔离开关是一种安装于杆上的隔离开关。通过站内进线断路器上闭锁装置的研制，成功解决了配电网中柱上隔离开关与站内进线断路器无闭锁关系的现状，避免了带负荷拉、合隔离开关的安全隐患，有效地降低了工作风险，提高了工作效率和社会稳定性；同时还为企业与社会创造了可观的经济效益与无形的社会效益。

◇ 32. 负荷开关

负荷开关是介于断路器和隔离开关之间的一种开关电器，具有简单的灭弧装置，能切断额定负荷电流和一定的过载电流，但不能切断短路电流。

◇ 33. 柱上负荷开关

安装在架空配电线路柱上，具有关合和开断正常负荷电流能力的开关装置。

◇ 34. 电气二次设备

对一次设备的工作进行监视、测量、控制和保护的辅助设备。

◇ 35. 线路故障指示器

线路故障指示器是应用在输配电线路、电力电缆及开关柜进出线上，用于指示故障电流流通的装置。一旦线路发生故障，巡线人员可借助指示器的报警显示，迅速确定故障点，排除故障。彻底改变过去盲目巡线，分段合闸送电查找故障的落后做法。

◇ 36. 测量电器

测量电能、功率、电流、电压等所必须的设备，如电流互感器、电压互感器等。

◇ 37. 互感器

用来将信息传递给测量仪器、仪表和保护或控制装置的变压器。按比例变换电压或电流，将高压变成低压，将大电流变成小电流，并起安全隔离作用的电气设备。

◇ 38. 电流互感器

电流互感器原理是依据电磁感应原理的。电流互感器是由闭合的铁心和绕组组成。它的一次绕组匝数很少，串在需要测量的电流的线路中，因此它经常有线路的全部电流流过，二次绕组匝数比较多，串接在测量仪表和保护回路中，电流互感器在工作时，它的二次回路始终是闭合的，因此，测量仪表和保护回路串联线圈的阻抗很小，电流互感器的工作状态接近短路。

◇ 39. 电压互感器

电压互感器和变压器类似，是用来变换电压的仪器。但变压器变换电压的目的是方便输送电能，因此容量很大，一般都是以千伏安或兆伏安为计算单位；而电压互感器变换电压的目的，主要是用来给测量仪表和继电保护装置供电，用来测量线路的电压、功率和电能，或者用来在线路发生故障时保护线路中的贵重设备、电机和变压器，因此电压互感器的容量很小，一般都只有几伏安、几十伏安，最大也不超过 1kVA。

◇ 40. 继电保护装置

能够迅速反应电气设备发生的故障或不正常运行状态，并有选择地动作于断路器跳闸和（或）发出信号的一种自动装置。

◇ 41. 配电装置

配电装置是根据电气主接线、地形和周围环境等因素，把各种电气设备合理布置起来，用于接受和分配电能的装置。

◇ 42. 操动机构

操作断路器、负荷开关、隔离开关等的一种机械传动机构，可以降低劳动强度，并可进行远方操作。

◇ 43. 接地装置

埋入地中并直接与大地接触的金属导体，称为接地体。电力设备或杆塔的接地螺栓与接地体或中性线连接用的金属导体，称为接地线。接地体和接地线的总和，称为接地装置。

◇ 44. 分段器

分段器是一种由电子电路控制的在无电流情况下自动分闸的开关设备。

◇ 45. 远方终端（远动装置）

进行数据采集并与调度中心相互通信，接受遥控、遥调、遥信等命令的自动化装置（RTU）。

◇ 46. TTU 配电变压器监测终端

在电力供配电系统中，配电变压器监测终端（TTU）用于对配电变压器的信息采集和控制。

◇ 47. 接地网

接地网是对由埋在地下一定深度的多个金属接地极和由导体将这些接地极相互连接组成一网状结构的接地体的总称。

◇ 48. 消弧装置

消弧是指当母线发生单相金属接地时消弧装置动作使金属接地通过消弧装置动作的真空接触器直接接地，有利于母线保护动作、这样可以避免谐波的产生。消谐主要是消除二次谐波以及高次谐波，有利于电网的安全运行。

◇ 49. 绝缘电阻

施加在绝缘上的直流电压与流过电极间的传导电流的比值。

◇ 50. 接地电阻

接地电阻是电流由接地装置流入大地再经大地流向另一接地体或向远处扩散所遇到的电阻。接地电阻值体现电气装置与“地”接触的良好程度和反映接地网的规模。

◇ 51. 电抗器

电抗器也叫电感器，一个导体通电时就会在其所占据的一定空间范围内产生磁场，所以所有能载流的电导体都有一般意义上的感性。然而通电长直导体的电感较小，所产生的磁场不强，因此实际的电抗器是导线绕成螺线管形式，称空心电抗器；有时为了让这只螺线管具有更大的电感，便在螺线管中插入铁心，称铁心电抗器。电抗分为感抗和容抗，比较科学的归类是感抗器（电感器）和容抗器（电容器）统称为电抗器，然而由于过去先有了电感器，并且被称为电抗器，所以现在人们所说的电容器就是容抗器，而电抗器专指电感器。

◇ 52. 电容器

电容器是储存电量和电能(电势能）的元件。一个导体被另一个导体所包围，或者由一个导体发出的电场线全部终止在另一个导体的导体系，称为电容器。

◇ 53. 滤波电容器

滤波电容器是一种储能器件，它常安装在整流电路两端用以降低交流脉动波纹系数以提升高效平滑直流输出。

◇ 54. 耦合电容器

耦合电容器是电力系统高频通道中的重要设备，是用来在电力网络中传递信号的电容器，主要用于工频高压及超高压交流输电线路中，以实现载波、通信、测量、控制、保护及抽取电能等目的。它使得强电和弱电2个系统通过电容器耦合并隔离，提供高频信号通路，阻止工频电流进入弱电系统，保证人身安全。

◇ 55. 结合滤波器

结合设备接在耦合电容器的低电压端和连接电力线载波机的高频电缆之间；或者在桥路情况下，直接或经过附加设备接往另一台结合设备。

◇ 56. 交流滤波器

在直流输电系统中，为了滤除直流控制系统产生的谐波以避免对交流输电系统带来不良影响，同时补偿直流控制系统消耗的无功功率，在直流系统运行过程中必须投入一定数量的交流滤波器（必须满足交流滤波器组数最小运行方式）。交流滤波器由电容、电抗和电阻串并联组成。

◇ 57. 阻波器

阻波器是指与输电线路串联使用，对某些特定的频率或频带提供阻波阻抗，为电力载波通信提供信号通道的电抗器。阻波器是载波通信及高频保护不可缺少的高频通信元件，它阻止高频电流向其他分支泄漏，起减少高频能量损耗的作用。在高频保护中，当线路故障时，高频信号消失，高频保护无时限启动，立即切除故障。

◇ 58. 静止无功发生器

静止无功发生器是将自换相桥式电路通过电抗器或者直接并联到电网上，调节桥式电路交流侧输出电压的相位和幅值，或者直接控制其交流侧电流，使该电路吸收或者发出满足要求的无功功率，实现动态无功补偿的目的。

◇ 59. SVC 静态无功补偿器

静止无功补偿器是一种没有旋转部件，快速、平滑可控的动态无功功率补偿装置。它是将可控的电抗器和电力电容器（固定或分组投切）并联使用。电容器可发出无功功率（容性的），可控电抗器可吸收无功功率（感性的）。通过对电抗器进行调节，可以使整个装置平滑地从发出无功功率改变到吸收无功功率（或反向进行），并且响应快速。

◇ 60. 绝缘子

安装在不同电位的导体或导体与接地构件之间的能够耐受电压和机械应力作用的器件。绝缘子是一种特殊的绝缘控件，能够在架空输电线路中起到重要作用。

◇ 61. 故障指示器

故障指示器是指一种安装在电力线（架空线，电缆及母排）上指示故障电流的装置。大多数故障指示器仅可以通过检测短路电流的特征来判别、指示短路故障。

◇ 62. 充气柜

充气柜是新一代开关设备，充气柜适用于电力系统的小型二次变电所、开关站、箱式变电站、住宅小区、工矿企业、大型商场，特别适用于机场、地铁、铁路等对用电要求较高的场合。

◇ 63. 电缆分支箱

电缆分支箱仅作为电缆分支使用，电缆分支箱的主要作用是将电缆分接或转接，主要起电缆分接作用和电缆转接作用。

◇ 64. 低压配电箱

低压配电箱是额定电流交流 50Hz、额定电压 380V 的配电系统，作为动力、照明及配电的电能转换及控制之用。该产品具有分断能力强，动热稳定性好，电气方案引灵活，组合方便，系列性、实用性强，结构新颖等特点。

◇ 65. 低压电缆分支箱

又称低压电缆分接箱，完成配电系统中电缆线路的汇集和分接功能，可配置塑壳式断路器保护或熔断器—刀闸保护，一般采取户外或户内、落地或挂墙安装。

◇ 66. 计量箱

用于380V及以下低压电能计量的箱型成套装置，箱内安装电能表、用电信息采集终端等设备。在电网GIS系统中以实际坐标展示，挂接在低压接入点下。

◇ 67. 电能表

记录电能累积值的专用仪表，是所有电气测量仪表中使用最多的仪表。在电力系统中，发电量、供电量以及千千万万用电客户用电量的多少，都离不开电能表的计量；电能表包含单相表和三相表。